2016 年黑龙江省哲学社会科学研究规划项目（16JYD09）

国家社会科学基金项目（14AJY011）

我国中央企业自主创新能力研究

房宏琳　著

知识产权出版社

全国百佳图书出版单位

图书在版编目（CIP）数据

我国中央企业自主创新能力研究/房宏琳著 . —北京：知识产权出版社，2016. 10
ISBN 978-7-5130-4502-5

Ⅰ.①我…　Ⅱ.①房…　Ⅲ.①企业—创新—研究—中国　Ⅳ.①G647. 38

中国版本图书馆 CIP 数据核字（2016）第 146822 号

内容提要

　　本书系统地阐述了企业自主创新、企业自主创新评价、企业创新能力提升路径等研究成果；同时，对中央企业自主创新存在的问题进行了分析，对于我国通过企业自主创新来实现转变经济发展方式具有重要的理论指导意义和现实应用价值。本书可供企事业单位管理人员作为研究中央企业自主创新的参考书籍，也可作为高校经济类、管理类专业的硕士研究生和 MBA 研习中国企业创新的教学用书。

责任编辑：刘晓庆　于晓菲　　　　　责任出版：孙婷婷

我国中央企业自主创新能力研究
WOGUO ZHONGYANG QIYE ZIZHU CHUANGXIN NENGLI YANJIU

房宏琳　著

出版发行：知识产权出版社 有限责任公司	网　　址：http://www.ipph.cn
电　　话：010-82004826	http://www.laichushu.com
社　　址：北京市海淀区西外太平庄 55 号	邮　　编：100081
责编电话：010-82000860 转 8363	责编邮箱：yuxiaofei@cnipr.com
发行电话：010-82000860 转 8101/8029	发行传真：010-82000893/82003279
印　　刷：北京中献拓方科技发展有限公司	经　　销：各大网上书店、新华书店及相关专业书店
开　　本：720mm×960mm　1/16	印　　张：11.25
版　　次：2016 年 10 月第 1 版	印　　次：2016 年 10 月第 1 次印刷
字　　数：159 千字	定　　价：48.00 元

ISBN 978-7-5130-4502-5

摘　要

建设创新型国家和转变经济发展方式的外在推动，以及提高企业自身竞争力的内在需求，都要求企业将提高创新能力作为发展的重要任务。为了实现这一目标，建设以企业为主体的创新体系是关键，发挥企业创新的核心作用将会有效带动行业和国家整体创新能力的提升。中央企业处于关系国计民生和国民经济命脉的关键行业，承担着保障和提高民生质量的重任。因其特殊的地位和承担的社会经济责任，中央企业更应在自主创新上有所作为。

本书在分析企业自主创新、企业自主创新评价、企业创新能力提升路径等研究成果基础上，对我国中央企业自主创新现状进行分析。为了简化问题的分析，从中央企业研发经费、创新人员等方面进行投入分析，从申请和授权专利、国家科技创新奖励等方面进行产出分析，对中央企业自主创新获得的主要成就进行了总结；同时，对中央企业自主创新存在的问题进行了分析。

本书将企业创新能力分为技术创新、制度创新、管理创能、市场创新和产品创新等众多内容。技术创新能力是企业内所有创新能力的核心。企业的竞争优势主要依靠技术创新来实现，技术创新能力为企业带来了超额利润和技术，而这恰恰是制度创新和管理创新的物质基础。制度创新能力和管理创新能力又限制技术创新能力，制度创新能力为技术创新能力提供了动力和激励机制。本书在分析企业创新的内外部因素影响基础上，对中央企业自主创新的内外部动力机制进行分析，并对中央企业自主创新强度

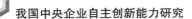

与企业规模的关联性进行了分析，以中央企业上市子公司为样本，重点研究中央企业创新投入强度与企业规模之间的关系。此外，本书还构建了基本计量模型，使用最小二乘法对横截面数据进行分析，通过观察解释变量的 Pearson 相关系数矩阵来避免多重共线性问题，对模型进行 White 检验。最后得出的建议是，将企业规模控制在合理的范围之内，使企业拥有高盈利能力和强大的市场竞争力，才能使企业更加愿意进行自主创新。

本书在中央企业自主创新能力分析的基础上，以创新投入能力、创新营销能力、创新管理能力和创新产出能力等测量维度构建了中央企业自主创新能力评价指标体系。本书对中央企业及上市子公司的自主创新的技术效率进行描述性分析，经过比较选择了数据包络分析（DEA）方法和超效率 DEA 模型对央企子公司自主对创新效率进行评价，选择主成分分析方法对中央企业的创新绩效进行测量和评价，并与中央企业自主创新效率进行比较，从而对中央企业自主创新能力状况进行多角度的剖析，进一步确认了现阶段中央企业自主创新的特点，为下一步构建更完善的自主创新体系和提高自主创新能力路径选择提供依据。

中央企业创新体系是中央企业内部、中央企业之间，以及中央企业与外部环境的各个行为主体相互连接、相互作用而构成的网络体系。只有通过各个部分的创新相结合，才能使其创新体系总体功能最大化，因而必须保证各个创新方面的协调和互动。本书对中央企业自主创新体系的内涵和特征进行了分析，对自主创新体系的内外层环境进行了分析，构建了中央企业自主创新体系的框架；对创新框架从横向和纵向架构两个维度进行了分析，并从国家层面、企业层面的制度建设保证进行了研究，提出了中央企业自主创新体系的内部机制建设。本书根据文献分析和案例研究对企业自主创新动力机制进行探索性研究，给出了中央企业提升自主创新能力的路径选择。

进行中央企业自主创新能力提升路径研究，可以使中央企业能够正确认识自身在国民经济建设中所应承担的特殊社会责任，以及自主创新绩效情况，可为我国中央企业管理部门制定促进中央企业自主创新提供有效的决策依据与方法支持，对我国通过企业自主创新来实现转变经济发展方式具有重要的理论指导意义和实用价值。

关键词：中央企业；自主创新能力；评价体系；影响因素；提升策略；

目　录

我国中央企业自主创新能力研究

第1章　绪　论

1.1　研究背景及问题提出

提高企业创新能力，无论从建设创新型国家外部推动的角度讲，还是从提高企业自身竞争力的内在需求方面来说，都是企业发展的重要任务。评价企业创新能力是提高企业创新能力的重要依据，评价企业创新能力能使企业的创新规律更加清晰。分析比较企业创新实力，可以为企业提高创新能力提供启发和明确的指导[1]。

对于大多数国家来讲，尤其是发达国家，提高综合国力的重要战略决策就是建设创新型国家、增强自主创新能力[2]。就目前的中国国情而言，建设创新型国家更是应对时代挑战、全面建设小康社会、实现中华民族伟大复兴的必由之路。2006年年初，时任国家主席胡锦涛在全国科学技术大会上指出，到2020年，要把我国建设成为创新型国家，使科技发展成为经济社会发展的有力支撑。2007年，在党的十七大报告中，将提高自主创新能力、建设创新型国家明确列入国家发展战略的核心。2012年，党的十八大报告提出，提高社会生产力和综合国力的战略支撑就是科技创新，必须将科技创新放在国家发展全局的核心位置，强调要坚持走中国特色自主创新道路、实施创新驱动发展战略。这是我们党放眼世界、立足全局、面向未来做出的重大决策。

中央企业是国家创新体系中的骨干，在知识创新和技术创新方面发挥

着重要的作用，同时也是知识应用的主力。2006 年颁发的《中共中央国务院关于实施科技规划纲要增强自主创新能力的决定》指出，要采取更加有力的措施，营造更加良好的环境，使企业成为创新成果应用、研究开发、技术创新的真正主体[3]。2012 年 2 月召开的国家科技教育领导小组会议上，再次强调"深化科技体制改革，要加强整体设计，突出重点任务，务求取得实效。一要强化企业技术创新主体地位"。

我国的经济发展已经从计划经济向市场经济转变，这也使得我们的科技发展模式相应地需要从"科学推动模式"向"需求牵引模式"转变。在这一转变的过程中，企业成为了创新体系中的主体。在计划经济时代，科技发展模式以研究单位为始点，以市场为终点。研究单位搞技术，然后再找企业，对这项技术有需求的企业应用此技术制造商品，最终再去寻找产品的市场。这一模式不仅容易导致科技和经济"两张皮"的问题，同时也给企业依据新技术生产出的产品销售问题带来很大的不确定性。尤其在市场从卖方市场向买方市场转变的形势下，这一科技发展模式需要被一种更先进的模式所替代。现在国际上应用比较多的一种模式是"需求牵引模式"，即以市场反馈，或者说以顾客的使用感觉和消费需求为起点和契机，企业以这种现实的需求为动力，或独立或与高校、科研单位等一同合作研发新产品。这一模式避免了"科学推动模式"存在的弊端，使企业真正成为了创新的主体，极大地提高了创新所带来的价值，增强了企业的竞争力，是企业不断适应市场需求而生存和壮大的重要途径。

从 2008 年开始，世界金融危机使全球经济出现了大约两年时间的衰退。而今，虽然进入了"后危机时代"，但仍然面临着如欧债危机等较大的经济环境的不稳定。此外，企业间竞争压力也在不断升级，产品同质化现象严重，这就导致企业要想在本行业中处于领先地位就必须开展科技创新。要真正做一个有竞争力的企业，首先就要成为一个能够持续自主创新的企业[4]。分析我国企业的现实状况，企业想要在市场竞争中取得成功，只有通过自主创新才能取得优势地位。

时代的发展需要创新，而创新的主体是企业更毋庸置疑。尤其中央企业，一方面拥有资金、人力和政策等方面的优势；另一方面因其处于关系国计民生和国民经济命脉的关键行业，承担着保障和提高民生质量的责任。然而，在一些领域，中央企业的创新意愿不强，自主创新能力不足的问题很突出。这需要我们不断研究自主创新的规律、企业自主创新能力水平的评价和有效的提升策略。这样，既可以了解不同企业的创新能力水平，汲取经验和教训，又能帮助落后的企业寻找在创新能力方面存在的问题，对企业创新战略的调整和发展大有裨益。对于我国中央企业自主创新能力的有效探索与提高，有助于我国建设创新型国家、增强国家自主创新能力，提高综合国力的重要战略决策的实现，对于国家安全也至关重要。

1.2　研究目的与意义

1.2.1　研究目的

当今的竞争，说到底是综合国力的竞争，其关键又是科学技术和创新能力的竞争。国家的竞争优势，蕴藏于科学技术的发展水平及推广应用过程之中。一个国家能否长久地在激烈的国际竞争环境中保持优势，已越来越多地取决于其科技进步的速度，而决定这个速度的就是科技创新的水平和能力。在此背景下，党中央明确指出：国家发展战略的核心、提高综合国力的关键就是提高自主创新能力、建设创新型国家。企业作为技术创新的主体的同时也成了增强自主创新能力的关键环节。企业技术创新能力推动了国家技术创新能力的发展，也成了国家技术进步的重要组成力量[5]。坚持走中国特色自主创新道路、实施创新驱动发展战略，是当前经济社会发展中的重大课题。中央企业作为国家意志力的体现，拥有雄厚的物质资

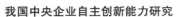

源和人力资源，理应在我国建设创新型国家、提高自主创新能力的过程中充当主力，承担必要的使命与责任。

对于我国中央企业自主创新能力的内外影响因素的研究，将有助于我们分析各相关因素对于中央企业自主创新能力的作用机理，可以为我们找到起重要作用的制约因素，使中央企业能正视自身所处的环境与资源因素，因势利导，破解在自主创新进程中遇到的难题，为中央企业实施自主创新实践提供理论指导。

对于我国中央企业自主创新能力的评价，从自主创新效率和绩效两个方面进行评价，可以全方位地对于我国中央企业自主创新状况进行剖析，让中央企业清楚地看到自身在自主创新方面所处的地位。所建构的中央企业自主创新能力体系和提出的对策建议，可为中央企业进行自主创新提供决策建议。

1.2.2 研究意义

本书的研究意义有以下几点。

（1）提升企业自主创新能力，是我国对其他先进国家发展经验总结的基础上做出的重大战略决策。努力争取在自主创新上取得重大突破，这对于促进我国经济增长方式的转变，提高企业核心竞争力，促进我国经济持续的快速发展，保障国家战略安全，具有重要的意义。

（2）提升企业自主创新能力是我国建设创新型国家的迫切需要。建设创新型国家是我国适应国内和国际发展所提出的重要战略选择。为实现这一目标，建设以企业为主体的创新体系是关键，发挥企业创新的核心作用将会有效带动行业和国家整体创新能力的提升。在建设创新型国家的推动下，为了满足提高企业自身竞争力的内在需求，企业必须把提高自主创新能力作为发展的重要任务。2012年召开的党的十八大指出，要实施创新驱动发展战略，应着力构建以企业为主题的技术创新体系[6]。2012年12月，中共中央政治局会议上也明确提出要"发挥自主创新对结构调整的带动作用，支持企业牵头实施产业目标明确的国家重大科技项目"，显示出企业为自主创新主体的核心地位[7]。

（3）提升企业自主创新能力是我国经济转型的迫切需要。随着我国改革开放的展开，吸引了大量的外资到中国来投资办企业。在生产过程中，我们学到了国外先进的技术，为国内的技术更新及自主创新带来了新的机遇。但是，我们现在大多处于技术模仿阶段，自主创新所取得的成绩并不十分明显，这成为制约我国经济社会发展的主要因素。我国要想从根本上转变粗放型的经济增长模式，只有不断提升自主创新能力，依靠具有自由知识产权的技术来提高我国企业的集约化制造能力，改变依靠大量消耗资源来获取经济增长的模式，才能变中国制造为中国创造。

（4）提升企业自主创新能力是中央企业的自我内在要求和国家责任的担当。企业只有不断通过自主创新，才能获得稳定的超额利润。随着科学技术的迅猛发展，国家之间的竞争尤其体现在以拥有自主知识产权的自主创新上。谁拥有了更多的自主创新成果，谁在国际事务中就具有更多的话语权。国家发展时不待我，中央企业处于关系国计民生和国民经济命脉的关键行业，承担着保障和提高民生质量的重任。中央企业因其特殊的地位和承担的社会经济责任，更应集中精力发展企业的自主创新。因此，本课题的研究对于提高中央企业自主创新能力，实现转变经济发展方式具有重要的现实意义。

1.3 国内外研究现状

1.3.1 企业自主创新能力的研究现状

1. 企业创新的相关理论

熊彼特的《经济发展理论》开启了学术界对创新理论研究的大门[8]。随后，创新理论得到了不断的发展和完善。曼斯菲尔德等的技术创新理

论、道格拉斯·诺思的制度创新理论、德鲁克的管理创新理论[9]、沃克和熊彼特的企业家创新理论、彼得·圣吉的企业文化创新理论和玖·迪德的企业创新系统理论形成了创新理论的六大分支。

创新概念的形成可以追溯到技术与经济相结合这一观点，讨论了技术创新在经济发展过程中所起到的作用，主要代表人物是现代创新理论的提出者熊彼特。在熊彼特的《经济发展理论》中，创新就是要"建立一种新的生产函数"，即"重新组合生产要素"，就是要把一种以前从未有过的、生产要素和生产条件的"新组合"引入生产体系中，用来完成对生产要素或生产条件的"新组合"。按照熊彼特的理解，创新包含下列几种情况：提供一种产品的新的质量或引进新产品；采用新技术和新方法；开拓新市场；采用新的原材料或控制原材料的新来源；实现企业的新组织。

技术创新概念是以熊彼特的创新理论为基础。在 20 世纪 50 年代，科学技术飞速发展，在人类社会和经济发展中，技术变革起到了巨大的推动作用，人们重新考量技术创新对经济发展和社会发展所产生的巨大影响，并探讨研究了技术创新的规律。

熊彼特在关于创新的定义中阐述了技术创新概念，同时也提出了"实现工业的新组织"这一制度创新内容。在熊彼特之后，制度创新理论发展为两大学派，即以加尔布雷斯和缪尔达尔等人为代表的制度学派和以科斯、诺思为代表的新制度经济学派。

在熊彼特《经济发展理论》的启蒙下，创新理论得到了快速和持续的发展。创新研究的焦点也从宏观的经济增长逐渐转向企业的微观创新活动的管理，以揭示企业创新的实质。进入 21 世纪后，全面创新思想成为创新理论发展的新方向。全面创新管理主要包括四方面的内容，即全要素创新、全时空创新、全员创新和全面协同[10]。

创新理论随着时代的发展而发展，从起初将创新与发明、创造相分离，到创新作为经济学名词的出现，创新无论在技术上、制度上，还是全面创新管理上，企业创新内容都变得越来越丰富，并与创造利润等市场化行为紧密相连[11]。企业与科研院所的合作也逐步被认识和提高。本研究正是看到了社会、经济的这种发展形势，结合企业发展规律，基于全面创新理论来研究企业创新规律，评价和提升企业创新能力。

2. 创新能力与企业技术创新

创新能力研究综述。创新能力是不同生产要素之间配合的表现，也是创新的综合实践能力。创新理论在不断的发展过程中，技术创新的地位逐渐提高，甚至成为主导地位[12]。企业技术创新能力同时也是企业创新能力和提高竞争力不可缺少的关键要素，技术创新能力也是企业其他能力的有力保证或重要组成部分。

20 世纪 80 年代，国外已经开始出现了企业技术创新方面的研究。最开始，学术界定义企业技术创新能力是以结构为基础来考虑的。Larry（1981）认为，企业技术创新能力是综合了组织、适应、创新能力和技术与信息的获取能力[13]。有些学者如 Barton（1992）将技术创新能力和技术创新战略相互关系，强调企业技术创新能力对企业技术创新战略和企业技术战略对企业技术创新能力的支撑作用和指导作用[14]；重点强调了企业技术创新能力所渗透的要素，企业技术创新能力的核心就是掌握专业知识、技术系统、管理系统的能力。

Coombs（1996）认为，创新能力的一个重要的潜在投入要素就是企业的"组织结构"，尤其是那些在企业的创新和产品开发过程中联结不同职能部门的组织因素[15]。柔性、灵活的组织结构能促进创新能力提升，促进核心能力的形成和发展。当然，这里的组织能力不仅包括组织结构、体制等硬协调手段，也包括组织文化之类的软协调手段。

企业技术创新能力的研究在我国开始得稍晚，但却丰富了先前的技术创新能力概念[16]。并且，有些学者在表述企业技术创新能力时会将其与企业创新能力相等同。我国关于企业技术创新能力研究的代表观点有以下三种。在众多技术创新的定义中，傅家骥（1998）给出的定义得到了广泛的认可，即"是企业家把获取商业利益作为目标，抓住市场的潜在盈利机

会，重新组织生产条件和要素，建立起效能更强、效率更高和费用更低的生产经营系统，从而推出新的产品、新的生产（工艺）方法、开辟新的市场、获得新的原材料或半成品供给来源或建立企业的新的组织，它包括科技、组织、商业和金融等一系列活动的综合过程。"傅家骥给出的技术创新的定义，指出了企业技术创新能力作用在企业经营的整个过程中，是一种综合的技术研发能力[17]。魏江（1998）从企业技术创新的六个阶段（确认机会、形成思想、求解问题、得解、开发、运用并扩散）入手，认为企业的 R&D 能力、市场营销能力、制造能力，以及与保证技术创新过程实现的前提是组织能力和资金投入能力，一同形成了贯穿于产品创新全过程的企业技术创新能力[18]。进一步讲，许庆瑞（2000）指出技术创新能力是企业（或其组织单位）产生新思想（新概念）并运用研究与发展、营销和工程化能力实现新思想以促进、支持技术创新战略的综合能力。它具有独创性、商品化和系统性三大主要特征，是一种动态的平衡[19]。

还有许多其他学者（姚志坚等，1999；郑春东，1999；胡恩华，2009；杨艳，2010）也定义了企业技术创新能力。在这些定义中，它们有一个共同点，那就是把企业技术创新能力看为一种表现能力，它体现在整个创新过程中。这些定义认为技术创新能力是一种从创新观念开始到销售过程结束，经历研发、试验和推广等过程时所体现的不同以前固有做法的能力[20][21]。在整个能力体现的各阶段中，研究与开发、创新管理、制造和销售能力更加突出地表现出这一特征[22][23]。

3. 企业自主创新

自主创新作为一个新名词，产生在技术创新概念之后。自主创新概念的提出和内涵的明确都与技术创新密不可分。虽然学术界对自主创新的定义仍无法统一，但大部分学者还是产生了这样一个共识，那就是要想适应时代发展的要求，就必须提高企业自主创新能力。加强自主创新、转变发展方式，正在成为当前中国经济发展的一条主线。

自主创新是适应中国国情，具有中国特色的、服务于中国经济建设的经济学概念。当前，随着国际国内形势的变化、努力扩大内需、积极调整产业结构、改善经济增长的质量、创建新的经济增长方式，这些是我国保持经济可持续发展要素。自主创新能力的提高可以增强我国企业的技术水平和实际竞争力，促进整体经济的繁荣。因此，近些年来，国家出台了多项鼓励和促进自主创新的政策，重点强调了企业是自主创新的主体这一特质，同时也着重突出了企业是国家创新体系的骨干组成部分。

自主创新概念的发展历经了一个不断丰富的过程。早期的自主创新概念重点强调的是技术创新的自主性，实际上它与"自主技术创新"的定义相同，这也把技术创新的发展推向了高级阶段。陈劲（1994）认为，我国技术能力同国外相比较，还处在初级阶段，因此就避免不了会对国外的技术提出引进、吸收和创新活动[24]。胡鞍钢（2003）、路风（2004）认为，伴随着世界经济发展需求的变化，人们对自主创新概念的理解也更加深入，自主创新的概念得到了扩展和完善，是一种"包容的自主创新"，引进技术与自主创新两者并不是截然对立的，二者具有互补性[25][26]。前任国务院总理温家宝（2005）在国家科教领导小组第三次全体会议上强调推进自主创新，对我国的原始创新能力、引进吸收再创新能力、集成创新能力要大力推进。自此，明确了自主创新的内涵，引进与模仿都作为自主创新的一种模式，以前学者强调的"自主技术创新"大多针对原始创新能力[27]。

在自主创新能力方面的研究，大体上类似于自主创新概念的发展，研究过程经历了自主技术创新能力到扩展的自主创新能力。自主技术创新能力重点强调，要把自主创新能力的重点放在对技术创新能力的自主性上，并且应把自主技术创新能力从两个方面进行研究：一方面是发现新的生产要素或原有生产要素的新用途的能力；另一方面是要想提高劳动生产率，就要提高对原有生产要素的使用效率，降低生产成本的目的。在明确了自主创新内涵后，企业自主创新能力的内容也得到了极大的丰富，增加了对内外资源的有效整合与运用的能力。万君康（2011）将自主创新能力总结归纳为四种能力，即自主创新投入能力、自主创新运行能力、自主创新产出能力和自主创新环境支撑力[28]。

1.3.2 企业自主创新能力评价的研究现状

1. 企业创新测度的模型

为了更好地把握企业创新，寻求企业创新规律，一些学者和研究者提出了相关模型，并希望借此分析企业外在环境如何影响公司内的创新。归纳起来主要有如下五种模型。

（1）链环—回路模型。1986 年，技术创新的链环—回路模型（如图1-1所示）被正式提出。Kline 与 Rosenberg 为提出这一模型做出了非常突出的贡献。在该模型中，他们将技术创新分为五条路径[29]。在模型中，创新的主要路径从市场开始，也结束于市场。该模型以市场机遇和企业知识能力的互动关系来解释创新概念，认为决定创新是否成功的关键在于：企业能否让创新过程的各阶段有效联结起来。

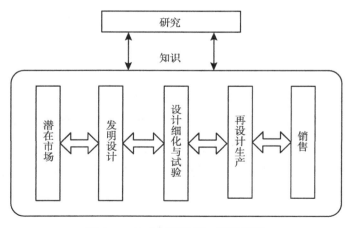

图1-1 技术创新链环—回路模型

（2）基于创新过程的创新审计框架。Chiesa（1996）等将基于创新过程的创新审计框架分成了两个过程：核心和辅助过程[30]。如图1-2所示。在核心过程中，主要包含概念的产生、产品的开发、工艺的创新以及技术的获取；在辅助过程中，主要包含资源配置、领导和系统工具。在该模型的设计理念中，认为创新离不开核心过程相互联系的四个环节。

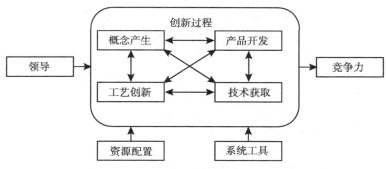

图 1-2 基于创新过程的创新审计框架

（3）技术创新的 A—U 模型。威廉·埃伯纳西（N. Abernathy）在 20 世纪 70 年代中期提出了工业创新的动态模型[31]，如图 1-3 所示。产品创新、工艺创新及产业组织的演化在该模型中被划分为流动、转移和专业化等三个阶段，并与产品生命周期做了对比分析，创建了产业创新分布规律。

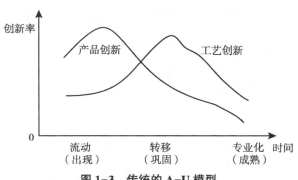

图 1-3 传统的 A-U 模型

（4）技术创新中的集成环球模型。本模型的特点是可以把技术创新的全部过程都能够通过滚动、环球等这些动态的形态表达出来，凸显了技术创新的时效特性、循环特性和过程特性（马扬和王准学，2003），如图 1-4 所示。按箭头的方向依次是新设想到项目确认，再经过研究、设计开发等阶段到新设想，这其中有的过程可中断，产生跳跃。整个过程形成了一个错综复杂的网式反馈系统[32]。

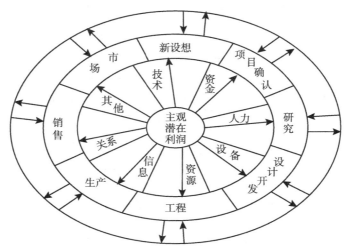

图 1-4　技术创新过程的集成环球模型

（5）中小企业技术创新机制的"轮式模型"。冯德连（2005）指出，中小企业技术创新机制是个总的系统，它可以被视为"轮式模型"。在这个模型中，关键部分包括主体机制、动力机制等子系统[33]，如图 1-5 所示。

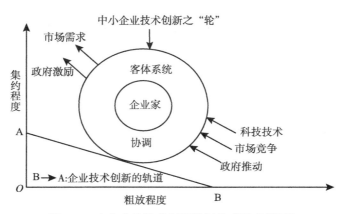

图 1-5　中小企业技术创新机制的"轮式模型"

2. 企业自主创新能力评价体系

企业自主创新能力评价指标体系的构建多从创新过程为切入点，从自主创新投入开始，经历创新管理等过程，获得创新产出的绩效，并综合考虑创新产品制造能力等其他因素。在具体的指标体系构建上，学者们各抒己见，不断丰富评价指标，注重评价指标的可操作性与科学性，使企业创新能力评价的指标体系不断得到完善。

许志晋（1997）等人构建了评价企业技术创新能力的指标体系，共包含五个一级指标，分别为创新研究开发、创新资源投入、创新产品制造、创新组织管理和市场营销能力[34]。

徐可（2008）从创新特征出发研究我国企业自主技术创新能力，认为企业创新能力包含三种特征和八种要素，即动态特征、风险特征和自主性[35]。创新能力要素指资金、技术、产出、制度、管理、营销能力、环境适应和风险评估能力。这些特征和要素共同支撑着我国企业自主创新体系的构建。

尹建海、杨建华（2008）对于我国企业自主创新方面的研究更加侧重于绩效评价方面。他们首先对我国现代企业自主创新体系的特点进行了剖析，并结合发展现状对我国自主创新体系中存在的缺点进行了说明。他们指出发展我国自主创新体系要从五个方面（财务、顾客、流程、市场和社会反响）进行构建，并设置了较为详细的指标体系，对于我国自主创新体系的绩效评价方法主要应用平衡记分法进行衡量[36]。

胡翼琼（2010）在对企业自主创新能力进行评价时，除了将创新投入、创新管理、生产制造、价值实现和创新核心能力纳入评价指标体系中，还对创新环境影响进行了测量。他认为企业所处地域信息化水平、市场竞争程度、政府部门扶植和金融部门的支持作为企业自主创新的环境因素，对企业自主创新能力具有重要的影响作用。在具体实证应用时，对政府部门扶持和金融部门扶持进行了定量测量，分别用财政资金/创新活动经费筹集额和金融贷款（创新活动）经费筹集额这两个指标来权衡，这对于创建企业自主创新能力评价体系具有一定的参考价值[37]。

1.3.3 企业创新能力提升研究现状

学者按照对企业自主创新行为的探讨，探索并发现了企业创新的规律和创新过程中显现的问题。针对这些问题，他们从国家宏观层面和企业微观层面提出如何提升企业自主创新能力的有关建议，探索了提升企业创新能力的路径。

李群、吕鸣伦（1998）认为，可以从五方面入手来积极推进国有大型企业的独立创新本领。第一，从政府的角度来讲，应该推动企业与科研院所等展开多样化的合作，这样可以促使研究资源能够进行有效配置。第二，应该将研究资源的配置问题的重点应该放在企业上，使企业真正成为技术创新的主要动力。第三，建立并健全相关配套政策，对企业技术创新活动提供有力支持。第四，增大对重要行业的技术创新行为的投入的比例，并且是以立法的形式确立，同时建立激励机制，鼓励企业技术创新活动。第五，建立知识产权保护系统，保护技术创新成果[38]。

钱津（2006）认为，带头人在国企改革创新中占有重要的地位。同时他认为创新的资金资源投入能力也是影响企业自主创新能力的一大要素。国有企业不同于一般的社会企业，国有企业基于其社会地位的特殊性，很容易占据大量市场，因此国有企业改革创新的重点应该是产品及工艺创新[39]。

张宗庆（2008）通过研究指出我国企业技术创新不足的原因，一是创新不足的状态依存，科技体制的改革没有为企业自主创新提供充足研究资源。从企业角度讲，制度的改革没有达到应有的效果，无法为技术创新提供足够激励[40]。二是创新不足的行动倚赖，科研院所以及企业技术创新不足的行动倚赖。为了解决这种倚赖的状态，需要对体制加以的改革，保障知识产权，建立体制网络有助于技术创新。企业要想解决行为倚赖型技术创新这一缺点，关键要改变其行为，要想做到这一点培植创新能力是其必要手段，最后企业能够逐渐地形成自我强化的体制。

梁桂金（2008）综合全面地分析了我国企业自主创新体系构建的各项要素，认为国有企业自主创新应加大收益获得意图，增加企业家利润欲望。在国有企业自主创新研究方面，研究主体地位应该明确，要合理安排创新收入，对于创新活动要有制度支持，创新成果能使创新主体真正受益，国有企业在技术创新资金投入方面还须加大等[41]。

1.3.4 研究现状评述

综上所述，通过对已存在的研究进行分析得出结论，学者们在这个领域已经进行了充分的研究，取得了关键性的突破，为下一阶段的研究打下了良好的基础，提供了丰富的资料。与此同时，也存在以下不足。

（1）在全球开放式创新的趋势下，虽然国内外专家学者的研究对提高我国企业自主创新能力有极其重要的作用，但是以上研究还不能为我国企业提高自主创新能力提供有效的指导。我国企业的自主创新的关键还存在三个瓶颈问题。第一，对于国外的研究来说，发达国家或发展中国家的相关研究，都是以本国的社会发展特征为基础。但是从我国的市场特征这一角度来讲，我国同其他国家都有很大的不同，存在很大的差异。由此看来，国外在这一方面的众多研究很难直接应用于我国企业自主创新的研究。第二，对于技术改革与创新的研究体系，尽管国内外都基本上趋于一致，但仍然存在技术追赶过程的资源累积论和能力累积论之间的争论，也存在技术创新的"供方因素"和"需方因素"之间的争论。由此可知，在企业技术创新影响因素的结构研究中有很多分歧，这种情况就为我国企业自主创新研究设置了屏障。第三，对于世界范围内的研究来说，存在一个共同的缺点，那就是缺乏对企业技术创新的定量分析，因此，我国学者在研究企业自主创新过程中无法从以前的研究中直接得到系统的变量和指标体系。

（2）对一般企业、技术以及区域的自主创新研究较多，而对中央企业自主创新研究的并不多，尤其是关于我国如何提升企业自主创新能力方面的研究更是少之又少。

（3）从宏观层面研究企业自主创新的多，从微观层面研究自主创新的少，而这正是本书研究的重点。需要我们在借鉴已有成果的基础上，加强中央企业自主创新能力等方面进行深入研究。

1.4 研究内容与研究方法

1.4.1 研究内容

在对国内外企业自主创新相关研究综述的基础上，对我国中央企业自主创新的现状进行了分析。在此基础上，运用 DEA 和 PCA 这两个方法来对我国中央企业自主创新能力进行衡量，从中央企业自主创新效率和绩效两个方面进行评估，对我国中央企业自主创新能力进行客观的研究评判。在对我国中央企业自主创新的内外部因素梳理的基础上，运用结构方程模型对于因素的影响作用进行研究，找到了制约中央企业自主创新的因素；构建了中央企业自主创新的体系框架；提出了提高中央企业自主创新能力的策略及建议，具体研究内容如下。

（1）在分析企业自主创新、企业自主创新评价和企业创新能力提升等研究成果的基础上，对我国中央企业自主创新现状进行分析。为了简化问题的分析，从中央企业研发经费、创新人员等方面进行投入分析，从申请和授权专利、国家科技创新奖励等方面进行产出分析，对中央企业自主创新获得的主要成就进行了总结。同时，对中央企业自主创新存在的问题进行了分析。

（2）将中央企业自主创新能力的多种影响因素按照来源分为外部因素和内部因素，通过对内外部影响因素的理论分析，梳理出影响自主创新能力的几大因素。然后通过构建结构方程理论模型，结合调查问卷获得的数据，对于影响中央企业自主创新能力的因素进行统计分析，进行假设检验，明确得出各因素的影响顺序及影响强度，并对此进行理论解释。通过对中央企业自主创新能力影响因素的分析，为后续章节中构建我国中央企业自主创新体系和提出对策建议提供依据。

（3）在中央企业自主创新能力分析的基础上，以创新投入能力、创新营销能力、创新管理能力、创新产出能力等测量维度构建了中央企业自主创新能力评价指标体系。经过比较，选择了数据包络分析（DEA）方法和超效率 DEA 模型对中央企业自主对创新效率进行评价，选择主成分分析方法对中央企业的创新绩效进行测量和评价，并与中央企业自主创新效率进行比较，从而对中央企业自主创新能力状况进行多角度的剖析，进一步确认了现阶段中央企业自主创新的特点，为下一步构建更完善的自主创新体系和提高自主创新能力提供依据。

（4）在对中央企业自主创新体系的内涵和特征，以及自主创新体系的内外部环境进行了深入分析后，创建了央企自主创新体系的框架结构。对创新框架从横向和纵向架构两个维度进行了分析，并从国家层面、企业层面的制度建设保证进行了研究，提出了央企自主创新体系的内部机制建设。根据文献分析和案例研究对企业自主创新动力机制进行探索性研究，给出了中央企业提升自主创新能力的路径选择。

（5）指出中央企业提升自主创新能力的关键是，调动中央企业及相关人员的积极性。在此过程中，要注意发挥企业的创新主体作用，处理好政府力量和市场作用的关系，同时为此建立一系列激励约束机制和扶持体系。提企业为了提高自主创新，必须抓住主要的技术创新环节，同时还要加强制度创新与管理创新的有效配合。此外，提出了中央企业提升自主创新的策略，强化企业家精神，实施公司创业战略，并构建全球研发网络实施开放式创新，从政府层面和企业层面提出了提升中央企业自主创新能力的政策建议。

1.4.2　研究方法

本研究运用的研究方法如下。

（1）采用文献分析与归类研究方法等，对国内外关于企业自主创新能力、企业自主创新能力提升策略研究等相关内容进行动态跟踪与评述。

（2）多元回归分析方法。运用多元回归分析方法对中央企业自主创新强度与企业规模的相关性进行分析，以中央企业上市子公司为样本，重点研究中央企业创新投入强度与企业规模之间的关系。本研究构建了基本计量模型，使用最小二乘法（OLS）对横截面数据进行分析，通过观察解释变量的 Pearson 相关系数矩阵来避免多重共线性问题，对模型进行 White 检验。得出的建议是，只有将企业规模控制在合理的范围之内，才能使企业更加愿意进行自主创新。

（3）结构方程模型（SEM）运用。SEM 是一种融合了因素分析和路径分析的多元统计技术。它以分析央企自主创新的内外部影响因素为基础，创建央企的自主创新影响因素的 SEM 理论模型；同时，进行了大样本的问卷调查，对于数据获取的信度和效度进行检验，并进行了 SEM 模型的假设检验，得出了各因素对自主创新能力的影响作用。

（4）数据包络分析方法（DEA）和主成分分析方法（PCA）。根据中央企业数据的可获得性，采集投入和产出指标是比较可行的。运用数据包络分析（DEA）方法和超效率 DEA 模型对中央企业自主对创新效率进行评价，选择主成分分析方法（PCA）对中央企业的创新绩效进行测量和评价，并与央企自主创新效率相较，从而对央企的自主创新能力现状进行多方面的剖析，进一步确认了现阶段中央企业自主创新的特点，为下一步构建更完善的自主创新体系和提高自主创新能力提供依据。

（5）系统工程理论（SE）的运用。运用系统工程的理论思想来进行中央企业自主创新体系的构建，自主创新的关键是技术创新。根据系统工程理论的观点制度创新、管理创新对于技术创新具有重要的支撑作用，因而要进行系统化的构建。同时，运用系统工程的理论来指导我国中央企业提升自主创新的策略和政策建议的制定。

1.4.3 技术路线

技术路线如图 1-6 所示。

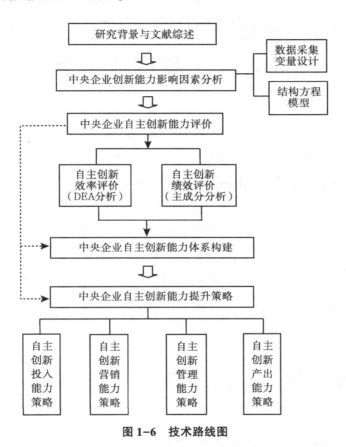

图 1-6 技术路线图

第2章 我国中央企业自主创新能力演化机理与现状分析

在基于对企业自主创新能力研究综述的基础上，本章展开对于我国中央企业自主创新的现状进行剖析。我国中央企业数量较多，企业规模大，企业所属行业覆盖了我国国民经济的各个重要领域，在国民经济建设中具有重要的地位，行业差别非常大。考虑到我国中央企业的特点和分析数据的可获得性与可比性，我们主要从中央企业自主创新的投入状况和产出状况进行比对分析，这样可以从众多的企业数据中按照简化原则抽取部分共有的投入及产出数据进行相互比较。同时，本章还对我国中央企业自主创新与企业规模进行了关联性分析验证，对我国中央企业的自主创新现状进行了详细的剖析。

2.1 中央企业与自主创新

2.1.1 中央企业的概念产生与界定

1. 中央企业概念产生

中央企业从企业属性上说与一般国有企业是没有区别的，它也一样具有国有企业所有的功能和作用。但是从中央企业所处行业和领域来看，其对国民经济的影响要远远大于一般国有企业。"中央企业"这一称谓主要是在国务院国资委 2003 年正式成立之后，在官方文件中逐渐出现和传播的。"中央企业"主要是按照出资人的不同和政府的管理权限来划分的，中央企业主要由中央政府出资并履行监督管理职责的国有企业，而地方国有企业主要由地方政府出资并监督管理的国有企业[42]。

2. 中央企业概念界定

中央企业广义上包括三类：一是由国务院国资委直接监管的国有企业；二是由银监会、保监会和证监会等管理的国有企业，属于金融行业；三是由国务院其他部委管理的国有企业，如烟草、黄金和铁路客货运等行业。狭义的中央企业，通常指由国务院国资委监督管理的企业[43]。在日常经济生活中，我们常常关注和讨论的中央企业，一般大都是指国务院国资委直接监管的国有企业。因此，本书研究和探讨的问题都是围绕着狭义的中央企业展开的[44]。这类中央企业是产权属于国家、管理权直接归属中央政府的国有企业，即由现在的国务院国有资产监督管理委员会行使出资人职责的特大型与大型国有企业。到目前为止，中央企业总数量是 117 家。

3. 中央企业的地位

中央企业作为直属于中央政府的国有企业，具有其他企业不可比拟的地位，有巨大的优势。主要表现在五个方面：一是能够优先享受国家政策及政治资金支持。二是比其他企业更容易抢占市场，因为有丰富的社会资源支持。三是中央企业大都为垄断性行业中的企业，竞争优势明显。四是地位的超脱性能够吸引更多的优秀人才为中央企业效力。五是受国家保护，能够轻易地获取投资资金，比其他企业更容易吸收资金支持[45]。

中央企业在享受较高的资源、人力和资金支持的同时，也意味着需要承担更多的社会责任。中央企业大都处于事关国家经济安全及国防安全的行业，这类行业国际敏感度较高，在国家经济发展过程中占据重要的地位，是国家经济实力的代表，为国家及社会的安全保驾护航[46]。因此，中央企业被称为"共和国长子"。基于这一称呼，中央企业是否能更好地履行社会责任，也成为人们日益关注的话题。

2.1.2 中央企业的功能定位

中央企业作为我国国有企业的中坚力量，具有无可替代的作用，能够影响整个国家的经济运行态势。在我国，由于中央企业地位的特殊性，中央企业既能够发挥普通企业的生产经营功能，又能发挥一部分国有企业所拥有的特殊功能，因此中央企业的功能定位具有非同一般的意义。

1. 生产功能

中央企业应该具有的最基本的功能就是生产功能，即能够发挥企业生产作用[47]。在传统的计划经济过程中，政府习惯于对国有企业下指令参与生产经营活动，企业缺乏自主创新能力，只是单一地服从命令，生产出来的产品也就不具有创新性[48]。然而，科技是不断发展的，市场经济逐渐取代计划经济，市场经济竞争性的要求也促进企业不断发展。中央企业不仅仅局限于国家垄断的行业，如煤炭、电力、军工、电信等，更踏足于各个行业，且占据不小的比重[49]。中央企业在国民经济中的作用不断增强，并且增长迅速。中央企业在我国国民经济中承担着重要的生产功能，有力地保障了国民基本生活需求和国民经济的健康运行。

2. 控制功能

我国把"公有制为主体，多种所有制经济共同发展的制度"确立为社会主义初级阶段的基本经济制度。因此，在社会主义初级阶段，必须坚持国有经济的主导作用，而国有经济的在国民经济中的主导作用主要体现在控制力上。中央企业作为国有经济的重要支柱，必须发挥中央企业的控制功能[50]。

3. 技术创新功能

技术是企业发展的武器，没有技术创新的企业不可能适应发展日新月异的社会经济[51]。只有技术创新，企业才能切实提高竞争力。企业作为技术创新的骨干力量，应该充分发挥主观能动性，将企业技术创新上升到整个行业、产业创新[52]。中央企业享受国家优惠政策，从建设创新型国家战略角度来说，中央企业在重大技术创新方面必然承担着重要职责[53]。

4. 增进社会福利功能

在社会主义公有制条件下，最终目标就是实现共同富裕。中央企业是国有企业中的一员，为公有制经济的发展贡献一份重要的力量。只有不断发展中央企业，才能更好地为社会谋福利求发展[54]。

2.1.3　技术创新及自主创新

1. 技术创新

奥地利经济学家熊彼特（J. A. Schumpeter）首次提出了"创新"这一概念。他将创新理解为以前从来都不曾有过的，生产条件与生产要素重新分配整合。将这种"新组合"纳入生产体系中，这个过程就是创新。在这个新的整合中，可以从五个方面进行理解：①研发出一种新的产品；②使用一种全新的生产方法；③开拓一个从未有过的新市场；④攫取或掌握一种新原材料的供应来源；⑤建立一个新的工业组织。由此我们可以得出，创新含义的范围非常广泛，涉及的领域也很广阔，既有技术性变化的创新，又有非技术变化的创新。然而在熊比特的创新含义里，技术方面的创新是其主要的研究内容。

技术创新是和技术相关、设计相关、制造相关及营销相关的。在这个过程中，它主要涉及新产品的创造、新工艺的产生或是新设备的首次商业应用[55]。随着科学技术的不断提高与进步，技术的含义也相应地产生变化，这就导致人们对技术创新概念在不同阶段的理解也有所不同[56]。自20世纪80年代以来，工艺技术得到了不断的发展，技术这一概念也进一步广义化，技术从过去的仅包含工艺技术到现在扩展到经营、管理和组织技术。这样从20世纪80年代后期开始，熊彼特的创新概念与之后的理论研究和政策分析中通常所说的"技术创新"基本相同了[57]。

技术创新是一种与技术相关的经济活动，与科学技术活动有一定的差别。技术创新不仅仅强调了技术水平，而且更加注重技术的先进性、市场的适应性，以及经济的合理性[58]。技术创新的过程并不是看起来那么简单，只是个界限分明的线性链阶段，其内部是一个相互交叉、互为渗透的有机网络整体[59]。企业能否开展技术创新及技术创新的能力怎样，这涉及了一系列相关因素。企业是技术创新的主体，其外部因素无法直接作用在企业的持续创新上，仅仅为企业提供外部条件和基础。缺乏宏观环境因素的支撑，这就致使企业的持续创新失去了外部资源与基础条件，而企业的内部因素直接对创新活动产生影响[60]。这促使企业凭借自身的学习能力和吸收消化能力，将外部创新资源转变为企业技术创新的基础和动力从而产生巨大的价值。

2. 自主创新

自主创新针对不同的创新主体，具有不同的内涵概念。从普遍意义来讲，自主创新就是创新主体不断发展新技术、新科技，从而达到企业高效发展、经济持续增长的过程。自主创新在国家战略上还有保障国家安全的作用[61]。在国家层面上，自主创新是指一国是否能够拥有解决本国科技难题的关键技术，同时又能促进国家发展，并深刻影响到国内外科技发展。国家层面的自主创新实现形式多种多样，有原始创新、集成创新及引进吸收再创新等[62]。

国家层面的自主创新具体有以下几方面表现。首先，要使保障国家的关键性技术掌握在本国手里，即对威胁到国家安全或者国家掌控的高新技术必须以自我开发为主。其次，要能引领或者影响基础应用技术的发展。对于享誉国内外的技术，要能保障自主知识产权。重点发展知名企业，加大培育力度。最后，要积极参与国际标准制定，对于引进的产品要高效研发，争取有所创新[63]。对于国外领先技术，要积极引进，科学发展集成创新，从而提高企业竞争力，形成具有自主知识产权的核心技术。企业层面自主创新的关键在于掌握核心科技，要拥有对于自己品牌发展有重大影响的科学技术的自主知识产权，这样在对产品和服务定价时才有话语权及决定权[64]。

原始创新是指突破原有的技术及科技（主要在基础应用技术及高精尖技术），想前人未想之事，做前人未做之事，从而获得最新的研究成果。原始创新往往需要很长的周期，它是新的创新活动的开始。原始创新是科技发展最初的动力，它能够科学合理地孕育新技术，促进人类认知及生产力的提高。原始创新是人类智慧的高度体现，有重大的意义[65]。

集成创新是指通过资源（政府、企业和人力等）的重新配置，发展出新的创新产品、体系，形成新的生产力，作用于企业或者社会的发展，是一种动态拟合关系。集成创新不同于原始创新，它具有持续有效、系统全面及集成合并等特征。集成创新更加关注创新结果，并期望创新结果能够持久发展。从集成创新的资源配置来看，集成创新更像是不同的创新主体通过合作协同，发展能够系统化产生影响的创新[66]。集成创新注重技术衔接，更加容易创新出有市场竞争力的产品。集成创新产生的效果意味着1+1>2。

引进吸收再创新是指，创新主体通过购买或者技术交换等途径获得高新技术，对新技术掌握吸收以后，并在此基础上进行创新[67]。引进新技术的途径多种多样，可以分为专利权或其他工业产权的转让或许可；以图纸、技术资料、技术规范等形式提供的工艺流程、配方、产品设计、质量控制，以及管理等方面的专有技术；技术服务；人才或智力的引进。技术虽然可以创新发展，但是由于技术资源条件的有限性，任何一个国家都不可能掌握全部的技术资源，也不可能在每一项领域都有核心技术优势。对于其他国家掌握的核心技术，我们可以通过"拿来主义"引进后消化吸收，从而弥补本国技术缺失。这样一方面可以减少研发成本，提高科技研究出发点；另一方面，还可以节省时间，迅速缩小与发达国家之间的差距。因此，我们必须重视引进消化再创新，借他国之强为我所用。引进消化再创新一般包括三个步骤：第一步，引进新技术、新资源和新设备。对于引进的技术、资源和设备，要熟练运用，彻底掌握，从软硬件设施等方面对其全面了解。第二步，模仿创造。模仿新技术、新资源及新设备的产

生，能够实现自我生产，减少引进成本。第三步，再创新过程。通过对技术等的掌握了解，结合自身特征及目标需求，对产品、技术、资源及设备等进行改进创新，发展出具有独立特色的创新产品。再创新不是简单地对产品进行改造，而是要发明比别人更先进的技术，获得更大的市场竞争力。

自主创新虽然包括三个不同的方面，但是这三个方面之间是有一定联系的。原始创新虽然耗时较长，且需要付出巨大的时间及资本代价，但是原始创新是一切科学技术最根本的来源。没有原始创新，就无法实现科学技术质的发展，原始创新是科技创新最重要的力量。在自主创新活动过程中，原始创新占据基础地位，每一次原始创新的出现都会引起一场巨大的技术改革。集成创新是将各种相关技术进行融合发展，孕育出新的技术来解决以前技术无法完成的问题。集成创新是当前技术发展的主要趋势，有其余单一技术创新无法比拟的优势。引进吸收再创新是当前发展中国家的主流创新趋势。发展中国家发展起步晚、研发能力差、人才配置等尚不完全合理，因此要想追上发达国家步伐，引进消化吸收再创新是目前最快的途径。经济全球化大潮席卷整个地球，各个国家发展创新将不再故步自封，而是打开国门，大胆引进新技术，充分开展对外科技交流，从而能够完善本国原有技术，发展本国不具备的科技资源，共同利用人类发展成果[68]。

自主创新是企业技术创新的最高层次，企业对于自主创新的技术具有特殊优势。通过自主创新知识产权，企业可以迅速占领市场，通过技术优势打败竞争对手，在瞬息万变的市场环境中占据主动地位[69]。首先，可以通过技术优势设置行业进入壁垒，在合理范围内借助自主知识产权控制某一行业或者技术，对关键性技术进行有偿转让，在一定程度上取得市场竞争的优势地位。其次，自主创新型企业对于技术的研发往往不仅仅局限于一项技术，而是通过一个技术领域创新带来创新集群。再次，企业发展自主创新技术，是对企业以后独立应对市场环境，完成技术积累的一项考验，能够培养企业独立发展的能力。最后，在自主创新过程中，企业能够充分研发适合自己企业生产环境的技术，不仅可以避免引进技术对于本企业发展的不配套及不适用，还能防止企业过度依赖外部技术产生企业惰性。因此，自主创新是央企发展的最优选择。

2.2　中央企业自主创新动力分析

任何企业包括国有企业、中央企业都具有创新动力。所有企业的创新原动力都源于企业家精神。但国有企业与一般企业相比，其创新动力的形成机制和创新动力强弱程度的影响因素不同。即便同是国有企业，由于不同的生产经营模式、创新活动领域与活动性质，以及是否具有资源或行业的垄断性等因素，也会形成不同的创新动力机制。激发中央企业的自主创新动力，必须清晰认识到中央企业和国有企业的创新动力来源；此外，还须深入研究中央企业和国有企业的创新动力机制，并根据企业实际情况针对性地采取有效措施，激发并鼓励其创新。

2.2.1　中央企业自主创新的内在动力

中央企业自主创新的内在动力有以下几点。

（1）创新利益目标与收益是中央企业自主创新的内生驱动力量[70]。利润最大化是企业进行一切活动的最终目标，创新活动自然也不例外。中央企业在进行自主创新活动之前，首先考虑的是该项活动的利益因素，能否给企业带来超额利润或者能否使企业领先于其他竞争性企业。如果创新活动的开展有利于企业提高自身利益，有利于企业通过创新活动达到预期目标，那么中央企业就会有积极开展该项创新活动的动力。创新成功之后，巨大的利益会激励中央企业继续创新。同时，巨大的利益也会诱导其他企业加入创新的行列。由此可见，创新活动所产生的创新利益是推动中央企业创新的关键动力。它可以引导中央企业在参与市场竞争活动的过程

中，抽取部分资源进行创新活动，从而争取成为行业的领军者。

（2）激发中央企业经营者的企业家精神，增强其社会责任感和使命感。企业创新意识是企业创新活动的前提，有利于主动从事自主创新活动[71]。创新意识关键取决于领导者意志，即便在一个大型的企业集团中，企业的最高层领导者在创新活动中也起着最重要，甚至决定性的作用。由此可见，应在全社会范围内倡导企业家精神，增加和提高企业高层管理者的知识和素质，推进并实现企业管理者的市场化、职业化和社会化，建立合理的企业家教育体系，培育激发创新的企业家精神，优化企业家的人力资源配置，充分调动企业经营管理者不断创新的积极性，并通过个体的创新最终形成群体创新效应。这对于国家整体自主创新能力的提升具有重要意义。同时，通过激发中央企业经营者的企业家精神，还能增加中央企业经营者自主创新的社会责任感和使命感，这将成为中央企业进行自主创新的内在动力。

（3）改革和完善中央企业考核制度，激发中央企业创新热情。国企的改革涉及许多方面，而在当今社会制度框架和约束条件下，要想激发中央企业的自主创新热情，首先应从改革和完善中央企业的考核评价制度入手，将科技创新和自主创新取得的成绩作为关键内容列入考核评价指标体系中去，并从源头上激发中央企业领导者的创新精神[72]。其次，应逐渐加大中央企业的管理者的创新业绩考核的工作力度，特别是大型企业集团。考核评价体系应使创新动力从企业最高层领导者向各个子公司层层传递。最后，应根据企业的自身特点，结合企业实际情况，完善其创新业绩的考核办法，构建覆盖全部监管企业的业绩考核评价体系，以此激励机制引导中央企业主动开展自主创新。

（4）中央企业创新能力和盈利水平不断增强，提高了对自主创新的持续渴望。我国中央企业近些年经济发展状况良好，积累了大量收益，但是原来大多是依靠自身的企业性质优势来获得盈利，企业发展方式大多是以资源的过度消耗来换取超额利润。随着国家有关经济发展方式和产业政策的调整，中央企业必须采取集约化的经济发展方式，必须要进行技术更新换代。中央企业也愿意将盈余资金的一部分用于自主创新，获得企业更高发展的技术创新成果[73]。

企业自主创新能力和企业的盈利能力是影响企业自主创新的重要的内生因素。其中，前者是指企业在创新过程中，充分发挥所拥有各种资源，获得创新收益的实力或者能力。企业自主创新实力或者能力越强，其获得创新收益的可能性越大。从自主创新能力的角度来看，自主创新能力与自主创新动力之间存在一种相辅相成的内在联系。企业对创新活动的投入是影响企业创新活动的关键因素。企业技术创新的投入主要来源于企业内部，企业内部决策对投入水平发挥着决定性作用。企业自主创新水平及能力与企业盈利水平和研发投入直接相关。企业盈利水平越高，则企业在研发方面的投入规模也越大，因而中央企业获得自主创新突出成绩的可能性就更大[74]。

2.2.2　中央企业自主创新的外部动力

中央企业自主创新的外部动力有以下几点。

（1）市场需求是中央企业进行自主创新的重要力量[75]。市场需求作为技术创新的起点，是企业进行技术创新活动的动力来源和成功保障，对于企业技术创新起至关重要的作用。同时，市场需求可以对企业的超额利润进行预后，从而引导和激励中央企业进行技术创新。公众对战略性产品和公共产品的需求是创新的市场需求的主要来源，这些产品主要集中在关系国家安全与国民经济命脉的关键领域。中央企业以市场反馈信息为基础，产生一系列的技术创新活动，创造出新的产品或服务，实现中央企业进行技术创新活动的使命。

（2）在企业发展过程中，面临的外部压力主要来自于市场竞争，这种压力促使企业发展技术创新[76]。企业要想在市场竞争中赢得优势地位、提高企业的竞争力，就要大力发展技术创新、扩大对技术创新的投入、生产消费者所需的高品质的产品等。在当前的市场竞争环境中，企业需要面对世界范围内技术创新的竞争。因此，企业在取得国家提供的政策性资源的前提下，更应该自己主动地进行企业的技术创新，进一步提高企业在国际中的地位。大力推进企业技术创新改革，加强企业在国际市场中的地位对我国的技术创新发展具有重要意义。

（3）新技术在企业技术创新中起到了推动的作用，企业的技术创新活动是以新技术为前提的[77]。科学技术是企业生产方式中十分重要的因素，在宏观环境和内在运动规律的共同推动下，科学技术得到了不断的创新和发展，在企业技术创新活动中发挥重大作用。在世界科学技术发展的过程中，可以看到企业的技术创新活动总是由科学技术发展所引起的，在科技发展的推动下企业技术创新达到了顶峰。科学技术运用在企业的生产过程中，会使企业的产品得到丰厚的利润，有助于企业在市场中获得成功，因此科技成果对企业的技术创新具有强大的推动和促进作用，而且这个作用在企业的市场竞争中表现得非常明显。

（4）国家制定了一系列相关的政策法规，为企业技术创新的发展提供了有利的环境。各级政府也积极地推动企业的技术创新，尽可能地为企业的技术创新提供各方面的支持。政府对企业技术创新支持的具体方式主要有以下几个方面。

第一，直接提供资金帮助。目前，世界各国对于企业技术创新的扶持采取最直接的方式就是资金帮助，不同的国家在力度和方面有所差别。我国的各种科技计划都大力推进我国企业的技术创新活动，带动我国的科技进步[78]。

第二，财政税收方面。在这方面的支持主要包括关税、新产品的减免税。清华大学经管院对此事行了调查，调查结果显示企业认为国家对新产品实施的减免税是对企业的技术创新活动最为有力的支持[79]。

第三，信贷方面。在企业缺乏开发新产品或进行技术创新的启动资金时，国家就会适当地给予一定的信贷支持，这对企业来也是最具经济效应的支持[80]。同时，政府也制定了利率政策等与信贷方面相关的一些政策来促使信贷政策更好地发挥作用，促进企业的技术创新活动。

国家制定的一些与技术创新相关的政策法规对于企业来说，在提高了技术创新成功的概率的同时，极大地降低了技术创新的成本。这些政策拉动了我国企业的技术创新的发展[81]。政府按照国家的经济发展要求，根据国家制定技术创新方面的法规政策相对的在产业、科技、信贷、税收和政府采购方面作出了反应，进一步满足企业的技术创新发展的需求。在打造企业自主创新的外部推动力时，应发挥国家对企业技术创新的推动作用。

2.3　中央企业自主创新能力构成

2.3.1　中央企业自主创新能力的涵义

企业创新能力是指企业具有多大的能力来完成创新及相关活动，企业创新能力在一定程度上能够反映出企业未来的创新发展。企业技术创新的核心是自主创新能力，企业自主创新能力可以衡量企业的技术创新水平[82]。中央企业自主创新能力就是企业面临市场环境，根据自身发展需求，通过运用各种创新资源，创新出各种产品、技术和设备，从而获得自主知识产权来增强企业核心竞争力的能力。从企业创新能力这一角度来说，学者已经从众多方面来诠释了它的内容。从过程这一角度来看，有投入能力、研发能力、制造能力、产出能力及营销能力；从内容这一角度来看，有技术创新能力、制度创新能力、管理创新能力、市场创新能力、产品创新能力等众多内容。本书采纳了后一种观点，而且进一步深入地分析了技术、制度和管理等新组合的创新能力。

2.3.2　中央企业自主创新能力组成要素分析

中央企业自主创新能力组成要素如下。

（1）研究开发能力（R&D 能力）。对于中央企业自主创新能力来说，R&D 能力是根本要素，它包括基础研究能力、应用研究能力和开发研究能力。在吸收先进科学成果的基础上，企业必须依赖研发才会把科技知识转化为新的产品。要想提高企业自主创新能力，研发是技术源泉，R&D 能力是技术基础和保证。

（2）生产制造能力。生产制造能力实质是实现经济效益的能力，它是把研发行为的成果引入企业的生产系统中进行批量生产。技术创新的实施力度取决于生产制造能力。生产制造能力主要反映以下几方面：生产设备的先进程度、生产工人的职业素养、主导产品的成本优势，以及质量管理水平等。

（3）市场营销能力。市场营销能力主要体现在使消费者接受的能力上，企业最终需要将技术创新产品推向市场。如果不能使消费者接受、无法通过市场的考验，那么无论多好的研发成果，都注定是失败的创新。检测创新成功与否的关键环节就是市场营销阶段。因此，销售能力的大小直接体现了企业自主创新能力。较好的市场营销能力表现为企业按照不同的技术创新战略（领先战略、跟随战略）而采取不同的市场扩张方式。导致我国许多企业技术创新失败的最根本原因就是企业缺乏市场营销能力，不能使消费者接纳企业的新产品，从而企业的技术创新无法占领市场。营销能力主要有两个方面：一个是市场研究能力，另一个是市场销售能力。

（4）创新资源管理能力。企业是否注重自主创新主要表现在，能否为自主创新提供充足的资源。但更重要的是，怎样管理这些资源，使其实现最优配置。要想企业自主创新勇和连绵不断，就必须要有良好的创新资源管理能力，主要包括技术储备能力、创新资金管理能力、积累能力、创新信息资源管理能力、创新人才管理能力和知识产权管理能力等。

（5）创新组织管理能力。创新全过程较为复杂，涉及众多部门与人员共同参与，企业是否能抓住创新机遇、是否能保持企业的创新动力主要取决于企业能否科学地制订创新战略、做出科学决策、使各部门积极主动地参与技术创新活动，同时协调好部门之间的合作。企业的技术创新组织管理爱到多角度因素的约束，是一项系统性的行为。创新组织管理能力的主要包括创新战略规划能力、创新决策能力、创新倾向强度和组织界面管理能力。

2.3.3　中央企业自主创新能力要素的相互关系

中央企业自主创新能力是从中央企业的自主创新过程得到体现的，企业的技术创新过程由核心系统和支撑系统组成。就核心系统而言，它分为资源投入、研究开发、生产制造和市场营销。支撑系统主要由组织环境和资源管理组成。考虑到在中央企业自主创新的每个环节都涉及资源的投入，因此把资源投入能力融入其他能力中，中央企业自主创新能力可从研究开发能力（R&D 能力）、生产制造能力、市场营销能力、创新资源管理能力、创新组织管理能力五个方面来进行。进一步深入的分析，技术、制度、管理基本涵盖了新组合的创新能力。技术创新是企业创新能力的核心，是中央企业进行创新的首要条件，而管理创新及体制创新都是企业创新能力的支撑要素。技术创新、管理创新和制度创新作为企业创新能力体现的不同方面，具有各自的内容。一方面，企业要想获得市场竞争地位可以通过技术创新来获得。市场竞争地位的获得可以为企业带来充足的经济效益，为制度创新及管理创新提供经济支撑。另一方面，制度创新及管理创新又限制了技术创新。技术创新需要制度创新作为支撑条件，制度创新中的薪酬激励机制及动力机制等能有效激发技术创新。当技术创新能力的要求不能与其相符合时，必然会导致技术创新能力下降，同时也降低了制度创新能力和管理创新能力；当它们能够满足技术创新能力的需要时，会对技术创新和技术起到很大的推动作用。

2.4 中央企业自主创新能力演化形成过程机理分析

中央企业自主创新能力的成长历程与产品生命周期的发展途径相类似，也会经初始时期到发展再到成熟时期，最后被新一期的自主创新能力替换，所以中央企业自主创新能力的形成也具有周期性的特点。中央企业自主创新能力的形成机理，是以了解企业自主创新能力形成过程中的各种影响因素为基础，探索企业自主创新能力在这些因素作用下，是如何一步一步由形成阶段到发展阶段再到成熟阶段的。其核心是讨论企业内部各要素、企业外部各类环境以及资源对企业自主创新能力形成的作用过程。

2.4.1 中央企业自主创新能力形成的内生机理

中央企业自主创新能力的内生机理，从企业内部的角度来说，是以企业自主创新系统为基础，主线是企业自主创新能力的形成生命周期，企业各部门、各类创新要素对企业自主创新能力的形成所起的作用方式。详细说来，是企业的生产部门、营销部门、研发中心等职能部门，按照自主创新的部门合作机制、统筹协调机制，使企业有限的自主创新资源（人力、物力和财力等）得到合理的配置，从而为企业提供自主创新能力形成的源泉。同时，在自主创新能力的形成经过中，要及时调配各类创新资源，从而使企业自主创新能力得到持续发展。

2.4.2 中央企业自主创新能力形成的外生机理

中央企业自主创新能力形成的外生机理主要指，中央企业外部的各类影响因素和多种资源如何对企业的自主创新系统产生作用，最终推动企业形成其自主的创新能力。在市场的这个大环境里，促使企业进行自主创新活动诱导因素是，市场中存在的需求、竞争和创新所带来的高额利润。但是仅仅有这些诱导因素并不足以支撑企业独立完成自主创新活动，同时还需要法律保障、财政税收和金融投资等相关的政策的支持。只有这些因素和政策的共同推进，企业才会将创新动机真正的转化为创新行为。不过，企业要想单独依靠自身的力量完成创新活动进而提高自身的创新能力是不可能的，这需要高等院校、科研院所在技术上给予指导，同时还需要社会创新媒介和社会组织的大力支持。当前面所有条件全部得到满足时，企业才会真正的形成自主的创新能力。

2.4.3 中央企业自主创新能力形成的内生与外生机理的整合

中央企业自主创新能力的形成不仅需要市场驱动、政府和社会支持，更重要的是，企业如何在系统内部合理配置和充分利用以上这些要素和资源。同理，企业自主创新能力的形成过程也是一样的。由此可知，中央企业自主创新能力形成的内生机理与外生机理实现了有效的整合时，企业的自主创新能力才会真正形成。根据上述论述，可以更加深入地了解企业自主创新能力形成的动因和机理。通过对企业自主创新系统内外影响因素的分析，以及创新能力的形成过程的分析，可以深入发掘自主创新能力的形成机理，探寻影响企业自主创新能力形成的各种内因和外因，以及它们对企业自主创新系统产生的作用，能够进一步促使企业的自主创新能力的形成并实现可持续发展。以上探究能够为企业提高自主创新能力提供一定的理论借鉴和依据。

2.5 中央企业自主创新现状分析

2.5.1 自主创新投入状况

2012 年，中央企业积极应对复杂多变的国内外经济形势，保持了生产经营总体平稳运行，累计实现营业收入 22.5 万亿元，同比增长 9.4%；实现利润总额 1.3 万亿元，同比增长 2.7%；累计上交税金总额 1.9 万亿元，同比增长 13%；中央工业企业百元营业收入上交税金 7.6 元，比全国规模以上工业企业高出 3.1 元；年底资产总额达到 31.2 万亿，同比增长 11.5%。2013 年进入《财富》世界 500 强企业名单的国资委监管的中央企业达到 44 家。在此背景下，中央企业自主创新投入继续加强[83]。

1. 中央企业科技研发经费投入

中央企业科技研发经费投入情况如下。

（1）中央企业研发经费总额增长迅速。随着各企业对自主创新和科技驱动等良性发展方式认识的增强，各企业的 R&D 支出呈现逐年快速增加的趋势。中央企业作为我国各企业自主创新的排头兵，在我国加大科技研发经费的大背景下，科技投入也在逐年增加。截至 2010 年，中央企业 R&D 的支出已经高达 1029.8 亿元，相较于 2001 年的 209.5 亿元增长了五倍，是 1991 年中央企业 R&D 支出 39.7 亿元的 25 倍。同时，我国中央企业科技总投入呈逐年增长趋势。到 2010 年，我国中央企业科技活动经费已经增加到 3079 亿元，与 2006 年的经费总额 1244 亿元相比，增长了接近三倍。在这些科技活动经费中，约有一半的经费用于科技研发。研发经费年平均增长约为 28.5%。在短短四年中，由 701 亿元增加到 1911 亿元，这相当于全国大中型工业企业研发经费支出的五成。根据国家"十二五"规划的发展要求，到"十二五"末，我国中央企业的科技投入和主营业务收入比重有望达到 2.5% 和 1.8%，科技进步贡献率将达到 60% 以上[84]。

我国目前正不断加大企业科研经费投入。未来几年内，中央企业将成为我国科技研发投入的主要目标。就目前看，我国企业在 R&D 经费内部支出方面，仍然低于美国及日本等领先世界企业群体；但根据我国科研投入增长趋势来看，我国正在逐渐缩小这个差距。2009 年，中国企业的 R&D 经费达到 1029.8 亿美元，超过了日本，接近欧盟国家的三分之二。这表明，中国企业科研经费投入已跃居世界前列。（见表 2-1、表 2-2 和图 2-1 所示）。

表 2-1　"十一五"时期全部企业 R&D 支出国际比较（2006—2010 年）

单位：（亿）美元

年份	2006	2007	2008	2009	2010
中国	596.4	696.1	814.5	1029.8	1138.1
欧盟	1582.7	1650.7	1606.7	1626.7	—
日本	1038.1	1085.3	1080.8	953.4	1045.6
美国	2399.3	2535.0	2677.4	2573.7	2516.7

表 2-2　中央企业 R&D 支出与美日 R&D 支出 500 强企业比较（2006—2010 年）

单位：（亿）美元

年份	2006	2007	2008	2009	2010
中央企业研发经费支出	180.6	237.9	297.8	362.2	531.0
企业数	159	151	142	129	124
美国研发 500 强经费支出	1880.2	1834.8	1610.3	500.9	1671.8
企业数	179	176	173	118	163
日本研发 500 强经费支出	1661.1	1156.4	893.2	508.6	829.1
企业数	118	114	104	129	105

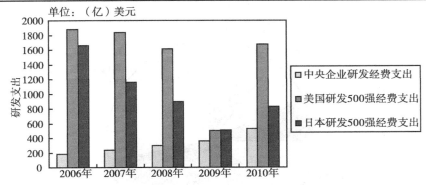

图 2-1　中央企业 R&D 支出与美日 R&D 支出 500 强企业比较（2006—2010 年）

（2）中央企业研发经费投入强度较低。虽然近年来中央企业将自主创新作为发展的重点，并得到了国家的大力扶植，中央企业的科技活动经费、R&D 经费和科技投入比率都有了长足增长，但是和国际著名企业相比仍然有较大的差距。据世界著名咨询机构博斯公司"2012 全球创新企业1000 强研究报告"的统计结果，2012 年世界研发经费支出排名前十的企业研发经费支出总额达到了惊人的 888 亿美元。平均每家企业的科研支出为 88.8 亿美元，约合 552 亿元人民币。而 2012 年创新型（试点）中央企业研发经费支出最多的是中国石油天然气股份有限公司，其研发支出仅为20.46 亿美元，尚不及国际著名企业平均研发投入的 25%[85]。由此可见，我国中央企业自主创新投入与欧美发达国家有明显的差距。

中国创新企业研发强度（即研发支出所占销售收入比例）较低，2011年中国创新企业研发强度仅为 1.13%，是同一时间全球创新企业的平均研发强度的 1/3。中国在全球创新 1000 强总研发支出中仅占到 2.5% 左右。中国进入榜单的这 47 家公司中，多数是以能源、建设等为主的中央企业，如中国石油、中国石化、中国电信、中国交通建设、中国船舶重工等位列其中，还包括一部分国有企业。其中，中国石油天然气股份有限公司以 20.46亿美元的研发支出排在所有 47 家中国企业之首，但其投入与国外平均水平存在较大差距。虽然中央企业在我国国内的研发投入逐年上升，但在国际范围内，中央企业的研发投入要做到和世界强国进行竞争还有很长的路要走。

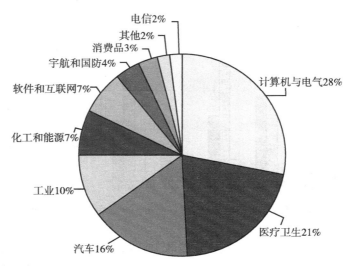

图 2-2 2011 全球前 1000 创新企业 R&D 区域支出（总支出为 6030 亿美元）

（3）中央企业研发支出行业范围不足。从支出的行业去向来看（如图 2-2 所示），2011 年世界排名前 1000 位的创新企业 6030 亿美元的总支出中，有 28% 的 1688.4 亿美元用于计算机与电气投资；用于医疗卫生，汽车和工业投资分别占了总数的 21%、16% 和 10%。这四部分投资共占 2011 年世界排名前 1000 位创新企业总支出的 75%，达到了 4522.5 亿美元。而我国的中央企业将更多的研发资金投入到工业品、航天、化工品及能源等工业化行业中。在软件和互联网、应用计算机和电子产品和消费品等更以客户为导向的行业中，我国中央企业涉足较少，仍有极大的研发投资和发展空间。

2. 中央企业创新人员投入

中央企业对人才资源的重视不断增强，对人才的投入也相应加大。通过优化人才队伍建设，贯彻人才强企战略和完善人才考评机制等一系列政策措施，为中央企业的人才培养提供了优质环境。大批优秀人才成为中央企业科研实践的中流砥柱，为中央企业的自主创新事业提供了源源不断的动力。

2004—2010 年，中央企业人才总量增长加快，截至 2010 年年底，已经达到了 897.3 万人，年均增长率为 5.7%。人才受教育程度明显提高，大学本科及以上学历人员以 15.3% 的增长率逐年递增，占中央企业人才总量的比重也从 15.2% 上升到 25.6%。人才开发和投入也大幅增加，员工培训投入年均递增 18.4%，人才受训率由 45.1% 提高到 56.6%。人才结构合理，截至 2010 年底，中央企业共拥有两院院士 217 人，科技活动人员和研究开发人员分别达到 129.8 万人和 53.5 万人，分别占中央企业职工总数的 10.7% 和 4.4%[86]。由于这些投入，使中央企业的健康发展有了强大的人才支撑。

目前，中青年科技人才已经成为承担国家重大攻关项目的主力人员及执行者，中央企业科研活动的进行也随科技人才队伍的建设不断发展。中央企业不断增加中青年科技人才投入，培养了一批有能力执行科研活动的优秀人才。贯彻执行国家科技计划，如 973、863 等，为国家、企业重点培养了很大一部分 45 岁以下中青年科技人才。在 2012 年国家科技奖励三大奖完成人中，45 岁以下青年人才的比例接近 50%。这些优秀中青年人才正逐渐成长为各中央企业的排头兵。

国家为培养大量的科技领军人物及高水平创新发展团队，不断深入实施人才建设工程，如"千人计划""百万人才工程"等，为中央企业的自主创新能力提高提供了强大的智力支持。同时，国家方面也出台了一些人才发展政策，如 2012 年科技部重大专项办公室和国务院学位委员会办公室联合召开"面向国家科技重大专项培养工程博士高校—企业对接会"，从"校企结合"方面为中央企业的自主创新输入了强大的活力[87]。

2.5.2 自主创新产出状况

中央企业自主创新产出随着对自主创新投入的不断增加而迅速发展，并呈现出高速增长趋势。目前，中央企业的自主创新产出主要表现为专利申请的数量和国家科学技术获奖数量。近几年来，中央企业申请和授权的专利不断增加，获得国家科学技术创新奖励数量逐年提高，企业新产品的良好发展势头有力地说明了我国中央企业自主创新活动取得了很大进步。

1. 申请和授权的专利情况

中央企业作为企业中的排头兵自然也成绩显著。"十一五期间"，据调查显示，中央企业的专利申请数量和质量不断增加。同时，其专利指标也不断增加，已达到 35% 左右。截至 2009 年年底，中央企业拥有专利为 7.5 万项。到 2011 年，这一数字就已达到 14.8 万项，两年时间几乎翻了一番。在这 14.8 万项专利中，有效发明专利占总量的 28.3%。专利数量的快速发展有效地促进了中央企业经济结构转型[88]。在这样的良性循环下，我国中央企业专利申请数量实现了爆炸式的增长。

2012 年，我国 115 家中央企业专利申请总数达到了 9531 件，平均每个企业申请专利 83 项。中央企业申请中国发明专利，中国实用新型专利和外观设计专利的总量分别为 5156 件、4154 件和 221 件。平均每个企业申请数量分别为 45 项、36 项和 2 项。从产业领域来看，发明专利申请总量排在前列的中央企业全部集中在通信、装备制造及石油化工领域。中央企业专利申请总数中排名前十的企业专利申请总数达到了 8269 件，占全部专利申请总数的 87%。

2. 获得国家科学技术创新奖励情况

中央企业作为我国经济发展的基础和支柱，我国创新资源正不断向中央企业汇聚，中央企业在科技创新过程中逐步发挥主导作用，成为国家科学技术创新主体。随着中央企业对科研成果的技术性要求和独创性要求的不断提高，中央企业在国家科学技术创新方面，开始更加注重关注科研成果对于产业的技术支撑作用[89]。2012 年，中央企业不断进行科技创新获得，并且取得了丰硕成果。

根据国务院国资委披露的数据整理得出，2005—2012 年这 8 年间，国家共评出科学技术进步奖累计 2057 项（通用项目）。其中，国家科技奖励项目总数的 1/4 是中央企业获得的，共计 506 项。同时，国家科技奖励项目特等奖全部是中央企业，共 5 项。全国国家科技奖励项目一等奖累计共 82 项，其中中央企业占 50 项。中央企业能够取得如此骄人的成绩，表明中央企业创新能力正全面增强。获奖级别较高，体现出中央企业在行业中的技术领先地位。在 2012 年国家科学技术奖励大会上，中央企业累计获奖项目共计 39 项。其中，国家科技进步奖一等奖 6 项，占一等奖获奖项目总数的 46.2%。中央企业科技创新能力正在不断增强，为国家和企业的综合竞争力的提升注入源源不断的动力。

2012 年，在中央企业所获国家科学技术进步奖中，石油石化和建筑施工行业所获得的奖项占到了获得全部奖项的 41%。煤炭和钢铁行业所获得的奖项占到了全部奖项的 30%[71]。由此可见，中央企业所获得奖项大多集中在石油石化、煤炭、钢铁和建筑施工这四个领域。这些行业都是国家经济的命脉，国家工业的基础行业。中央企业在这些领域大有作为，反映出了中央企业能在处于国家经济命脉的基础行业发挥自主创新主导地位，并取得良好的示范带动效果。但是，这也从一个侧面反映出我国中央企业自主创新存在着行业发展不均衡的问题。值得肯定的是，通过与2011年的情况相比（如图2-3所示），可以看出这种不均衡正在逐步减小，整个自主创新行业结构正逐步趋于优化。

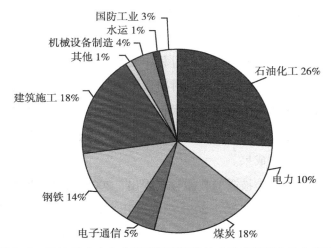

图2-3　2011年中央企业所获国家科学技术进步奖行业分布统计

中央企业不断提升企业的自主创新能力，正成为研究开发投入的主体、技术创新活动的主体和创新成果应用的主体。在产学研相结合的技术创新体系中，中央企业所参与的项目比重正逐渐提高。在2012年度科技进步奖的159个获奖项目中，产学研结合的项目多达99个，比例约为62%，比2011年高40%。这清楚地表明，我国企业产学研结合能力正在逐年增强，产学研这种良性发展模式得到了充分的发展。其中，中央企业参与的项目有32个，比例约占总体产学研项目的三分之一，中央企业在产学研结合方面有不俗的实力。虽然中央企业参与的产学研项目比重与2011年相比下降了18%，但是绝对数量却增加了7项。在我国整体产学研能力增强的情况下，中央企业的相对比重下降是可以理解的。

与2011年相比，医药等领域的产学研结合取得了很大进步。以医药项目为例，2011 年产学研结合比例约为 25%，而 2012 年竟达到了 50%。这种进步是十分惊人的，也说明了我国医药领域的飞速发展。但是，我国医药领域有中央企业直接参与的产学研项目为零，获奖的 14 个产学研项目全部由非中央企业获得。我国中央企业的产学研结合项目的进步主要还是体现在石油石化、电力水利、交通运输和矿业等具有传统垄断优势的行业。在轻工领域，医药农学等领域参与程度有限，产学研结合薄弱，存在发展不均衡性[90]。

2.5.3　自主创新规模分析

1. 企业自主创新规模分析观点比较

企业创新与规模关系的研究自熊彼特提出大企业创新能力更强的假说之后，便一直受到国内外学者的关注。使用不同的企业创新能力和企业规模指标，针对不同的样本企业，应用不同的研究方法，学者们得出了不同甚至截然相反的结论。除直接检验企业创新或研发能力与企业规模之间的关系外，往往还加入了市场力量、产权结构和企业所处地区环境等影响变量。观点分析如下。

（1）企业自主创新与企业规模成正比关系。大企业本身具有资金、人力、抵御风险能力强等优势，使大企业比小企业创新能力更强。创新需要巨大的前期投入，大企业拥有雄厚的资本、高产出保障、充沛的人力资源和良好的融资渠道，为创新的高额成本提供了保障。小企业相比之下，则较难承受这一压力。高投入的同时，创新又是高风险的投资，存在巨大的不确定性。由于这种高投资的回报不确定性，甚至是高失败率，小小企业不敢也不能轻易尝试，而大企业一方面以自身的实力作为保障。另一方面，大企业的多样性投资也使其风险得到了降低，从而有利于企业创新和研发活动的开展。除此之外，大企业往往拥有一定的市场支配能力甚至垄断地位，使得大企业可以通过创新获得超额利润，这是大企业创新的动力所在[91]。许多学者的实证表明大企业的创新能力优势，检验结果支持熊彼特假说[92]。

然而，在检验得出大企业创新和研发能力更强的同时，一些学者也注意到熊彼特假设的检验不应只关注企业创新与企业规模之间的简单直接关系，市场环境等其他因素也会对这一关系产生重要影响。这一结论可以概括为"修正的熊彼特假设"。大企业和小企业的相对创新优势取决于市场的不完美竞争程度。当产业是资本密集型、市场集中和广告密度大时，会促进大企业的创新优势。对于小企业来说，其创新优势则更容易在产品生命周期早期阶段的产业中发挥出来。创新活动和企业规模评价指标的选取，会对这一结论产生重要影响，熊彼特假设的验证可能依赖于变量指标的选择。分别使用创新总量指标和创新效率作为企业创新衡量指标研究这一问题时，大企业和小企业会显示出不同的特点，企业规模对创新的影响存在差异。不同规模指标的使用同样会对这一关系的结论产生重要影响。以企业销售收入为规模指标时，检验结果支持熊彼特假设。这表明，企业销售收入的增加有利于 R&D 支出的增加。而以企业员工数量作为规模衡量指标时，企业规模与 R&D 支出之间则无显著性关系[93]。

在考虑国有产权对企业创新和企业规模之间关系的影响时，检验结果往往显示，对于国有企业而言，企业规模与创新之间没有显著关系，企业规模对创新的促进作用只存在于非国有企业中。国有资本在企业总资产中所占的份额甚至对企业的创新意愿有显著的负向影响。国有资本若对企业创新有显著正影响，也只存在于对 R&D 人数的影响上，对于直接影响创新产出的 R&D 支出则无影响。

（2）企业自主创新与企业适度规模相关。与大企业相比，小企业在创新激励上也具有一些优势。对于大企业来讲，通常对创新项目投入较大，新的项目的确立会挤占原有创新项目的资源。对于小企业来讲，由于创新投入和创新项目相对较少，则不存在这种资源分配的权衡取舍。大企业的项目确立受社会关系影响较大，后者会根据项目进展的效果决定对企业的投资，这在一定程度上不利于大企业的创新[94]。另外，小企业在创新薪酬激励方面具有优势。小企业的创新补偿激励更加具有技术效率，它的激励效果更强，从而极大地激发了高级技术人员的才能和努力。

企业创新如果要实现规模经济，则存在一个适度范围。超过这一规模范围，无论在激励企业家的 R&D 投入，还是激发 R&D 人员的创新积极性方面，大企业的创新效率均会下降。在 R&D 投入方面，企业规模对研究开发的启动概率有正向影响，但对于 R&D 经费和人员投入强度的影响则相对复杂，呈现先递减后递增而后又递减的趋势，存在一个适度规模。企业创新与企业规模间的关系并非呈现完全正的单调相关性。当企业规模过于庞大时，大企业的 R&D 投入强度有可能小于规模相对较小的企业。

（3）企业自主创新与企业规模呈非线性关系。关于企业创新与规模之间的非线性关系主要表现为两个方面，一部分学者检验得出非常小的公司和非常大的公司比一般规模的公司更注重于研究与开发。企业的创新能力与其规模之间大体呈现出一种"U"型关系，即大企业和小企业的创新能力较强，而中等规模的企业创新能力较弱[95]。因此，学者建议一方面要推动大企业的规模增长，提高大企业的科技创新能力，另一方面，要积极鼓励发展专业化的小型科技企业，发挥小企业在科技创新中的作用。

另一部分学者得出了相反的结论，认为企业创新与规模之间呈倒 U 型关系，存在使企业创新能力最强或创新强度达到最大的企业规模值。通过将企业规模与这一最优规模值相比，大部分学者得出结论，绝大部分企业规模小于最优规模，因此企业创新与企业规模呈正向关系，但增长率呈递减趋势，一定程度上支持熊彼特假说[96]。在这些学者中，当考虑所有制结构对这一关系的影响时，所得出的结论大多是国有产权不利于企业创新。国有企业由于税收政策激励，研发部门的刚性预算，比非国有企业具有更多的创新投入。这种优势随着企业规模的增大而变得更加显著。但是国有企业的研发投入效率不高，对利润率的提高没有起到显著的作用，国企研发的动力没有充分地体现在提高经济绩效上。

（4）企业自主创新不受企业规模影响。通过检验，还有一部分学者得出结论，认为企业创新与企业规模之间无明显关系，或者影响较小。大企业和小企业在创新产出的质量和显著性水平上基本没有差异。并且，拥有相对较多的大企业的产业，会有更多的创新活动，但是这些新增的创新活动更多的来自小企业。

已有研究表明，企业创新与企业规模的关系研究仍未达成一致观点，还没有关于中央企业创新与规模之间关系的专门研究。对中央企业创新的规模影响因素研究，仅限于将所有制结构作为一个解释变量，并且绝大多数研究支持国有产权不利于企业创新这一结论。我们以 2013 年中央企业上市子公司为例，着重研究中央企业创新强度，即研发支出与企业规模之间的关系，从而为中央企业改革和提高企业创新能力提供理论基础和依据。

2. 数据来源

本书使用的企业创新和规模数据来源于 2013 年中央企业在 A 股上市公司及子公司所披露的年报。经过对各中央企业网站披露的上市公司及子公司整理，去除存在数据缺失的企业，参与计算的企业共计 177 家。这些上市公司及子公司拥有中央企业集团大部分核心资产，公司创新战略和管理与企业集团整体战略相一致。上市公司及子公司除受国资委监管外，还受证监会、股民和媒体等多方监管，经营规范，披露数据可信且具有可比性。企业所处行业数据来自锐思数据库，企业所处地区数据来自于同花顺软件。

3. 变量设计

变量设计如下所示。

（1）被解释变量。创新活动一直缺乏合理的度量指标。在以往的研究中，衡量创新活动的单项指标通常包括创新投入和创新产出两个方面。前者主要以研发（R&D）支出来衡量，后者主要以专利数量来衡量。我们使用发明专利、实用新型专利和外观设计专利三种专利总和（PATE）作为企业创新活动的衡量指标。

（2）解释变量。已有研究显示，衡量企业规模的变量通常有三个：企业销售额（SALE）、总资产（CAPI）和员工总数（EMPL）。本书同时使用这三种规模指标及其平方项，以对我国中央企业上市公司及子公司创新绩效与规模因素之间的内在关系进行全面分析。

（3）控制变量。企业规模对企业创新绩效具有影响，但企业创新是一个复杂的过程，同时受许多其他因素的影响。综合考虑所选企业的特点以及已有研究经验，我们选取创新投入强度（研发支出除以企业销售额）、人力资本、行业差异、地区变量和市场竞争程度作为控制变量。

创新投入强度（INNO）直接影响企业创新绩效。一般来说，企业创新投入越多，投入强度越大，专利数量越多。

人力资本（HUMN）是企业创新的重要资源，对企业创新起至关重要的作用。我们设置了企业技术人员占员工总数比例这一指标作为企业人力资源因素的控制变量。

行业差异会通过企业技术结构，市场竞争环境等影响企业的创新活动。由于样本中制造业企业占总数的 60%，所以我们构建与制造业相关的行业虚拟变量（INDU）作为控制变量。当企业处于制造业时，行业虚拟变量取 1，否则取 0。

各地区的经济发展水平、现有企业情况、地区开放程度等也会对企业创新活动带来影响，因此我们通过构建地区虚拟变量（REGI）引入这一控制变量。当企业处于经济相对较发达的东部地区时，地区虚拟变量取 1，否则取 0。

市场竞争程度（COMP）是影响企业创新活动的重要因素。一般来说，市场竞争程度越高，企业迫于生存压力，会增加创新活动强度，提高创新绩效。

4. 描述性分析

以企业员工总数为企业规模指标，按照我国工业企业规模划分标准，企业分为大中小三类。企业员工低于 300 人的为小型企业，介于 300～2000

人的为中型企业，拥有 2000 名以上员工的企业为大型企业。企业创新绩效的描述统计如表 2-3 所示。

从表 2-3 可以看出，大型企业的创新绩效更高，创新能力更强，小型和大型企业则相对较少，企业创新绩效与企业规模之间初步呈现正比关系。

以企业资产总额和销售额为企业规模划分指标时，由于样本中绝大多数企业都是大型企业，所以我们采取自行划分企业规模种类的方法，分别依据企业资产总额和销售总额，将所有企业的创新绩效升序排列。前三分之一企业（59 家）为小型企业，后三分之一企业（59 家）为大型企业，处于中间三分之一的企业（59 家）为中型企业。依据这一方法，企业创新绩效的描述统计可见表 2-4 和表 2-5。其中，表 2-4 的企业规模指标为企业资产总额，表 2-5 的企业规模指标为企业销售额。

表 2-3　企业创新绩效描述统计（规模指标：员工总数）

规模	样本量	创新绩效				
		均值	中位数	标准差	最小值	最大值
小	0	0	0	0	0	0
中	48	27.15	6.50	59.65	0	308
大	129	50.63	12	118.15	0	976

表 2-4　企业创新绩效描述统计（规模指标：总资产）

规模	样本量	创新绩效				
		均值	中位数	标准差	最小值	最大值
小	59	31.17	8	53.48	0	255
中	59	26	11	48.03	0	308
大	59	75.61	12	165.36	0	976

表 2-5　企业创新绩效描述统计（规模指标：销售额）

规模	样本量	创新绩效				
		均值	中位数	标准差	最小值	最大值
小	59	31. 12	8	60. 25	0	308
中	59	24. 64	13. 5	37. 62	0	216
大	59	77. 02	11	165. 29	0	976

表 2-5 中所显示的企业创新绩效的规律与表 2-4 类似。从均值来看，总资产规模处于中间水平的企业的创新绩效最低，总资产规模较大的企业的创新绩效则相对较高。当以企业销售总额为规模衡量指标时，得出同样的规律。从中位数来看，以总资产为规模指标时，总资产规模较大的企业创新绩效最高，其次是中间规模水平的企业。以企业销售总额为规模衡量指标时，中间规模水平的企业创新绩效最高，其次是规模较大的企业。

5. **模型构建**

在变量设定的基础上，考虑企业创新绩效与企业规模之间存在非线性关系，我们同时使用规模变量及其平方项，建立如下基本计量模型。

$$PATE = \beta_0 + \beta_1 SALE + \beta_2 SALE^2 + \beta_3 CAPI + \beta_4 CAPI^2 + \beta_5 EMPL +$$
$$\beta_6 EMPL^2 + \beta_7 INNO + \beta_8 HUMN + \beta_9 REGI + \beta_{10} REGI + \beta_{11} COMP + \varepsilon$$

使用最小二乘法对横截面数据进行分析，必须注意可能存在的多重共线性和异方差问题。通过观察解释变量的 Pearson 相关系数矩阵，企业资产总额与企业销售总额之间存在高度相关性，其余变量之间相关系数绝对值一般都在 0. 2 以内。因此，我们先后将企业资产总额和企业销售总额引入模型，以避免多重共线性问题。在对模型估计后，将对模型进行 White 检验，舍弃存在异方差的模型，从而保证 OLS 方法的可靠。

6. **回归结果分析**

应用 2013 年中央企业上市公司及子公司相关数据，使用最小二乘法对基本模型进行估计，结果如表 2-6 所示。

在模型 1 中，使用的企业规模指标为企业员工总数与总资产。在此模型中，企业员工总数的平方项的系数在 5% 的水平上显著，创新投入强度在 10% 的水平上显著，其余变量系数皆不显著，方程拟合优度较低。在模型 2 中，使用的企业规模指标为企业员工总数与企业销售额。在此模型下，企业员工总数及其平方项系数在 1% 的水平上显著，企业创新投入强度在 10% 的水平上显著，但是方程的拟合度仍然较低。

考虑去掉行业和地区虚拟变量，重新将规模因素引入模型中进行回归，得到模型 3 与模型 4。模型 3 与模型 1 相比，创新投入强度系数不显著，其他与模型 1 结果类似，但是拟合优度略有下降。模型 4 与模型 2 相比，作为企业规模衡量指标，企业员工总数系数在 5% 的水平上显著，其平方项的系数显著性水平也提高到 1%，但方程拟合优度也略有下降。我们认为包含行业和地区虚拟变量的模型拟合效果更好，因此综合各个模型结果，我们以模型 1 和模型 2 为基础，对各解释变量的估计结果进行解释。

表 2-6　中央企业上市公司及子公司创新绩效与企业规模关系 OLS 回归结果 INDU

模型	1	2	3	4
常数项	19.66604 (0.68)	19.4226 (0.67)	19.0870 (0.74)	19.0673 (0.73)
EMPL	0.0016 (1.59)	0.0023*** (2.59)	0.0015 (1.53)	0.0022** (2.51)
EMPL^2	$-6.99\text{e}-09$** (-2.08)	$-8.51\text{e}-09$*** (-2.81)	$-6.68\text{e}-09$** (-2.00)	$-8.15\text{e}-09$*** (-2.71)
CAPI	1.59e-10 (0.78)	—	1.51e-10 (0.74)	—
CAPI^2	$-4.08\text{e}-24$ (-0.79)	—	$-3.88\text{e}-24$ (-0.75)	—
SALE	—	-6.36e-11 (-0.48)	—	-6.42e-11 (-0.49)

续表

模型	1	2	3	4
SALE^2	—	8.09e-25 (0.48)	—	8.13e-25 (0.48)
INNO	256.6453* (1.77)	248.0835* (1.71)	216.4701 (1.52)	208.8201 (1.47)
HUMN	52.2328 (1.03)	61.0162 (1.22)	25.1406 (0.54)	33.87666 (0.74)
INDU	27.1915 (1.16)	27.0791 (1.15)	—	—
REGI	−13.7976 (−0.82)	−13.20675 (−0.78)	—	—
GOV	3.55e-09 (0.02)	1.03e-08 (0.31)	3.77e-09 (0.11)	1.04e-08 (0.31)
COMP	−0.0486 (−0.87)	−0.0559 (−1.02)	−0.0065 (−0.14)	−0.0138 (−0.31)
F 值	1.26	1.22	1.32	1.27
R^2	0.0704	0.0682	0.0590	0.0572

注：* 表示参数估计值在 10% 水平上显著，** 表示参数估计值在 5% 水平上显著，*** 表示参数估计值在 1% 水平上显著。

　　通过企业规模变量及其平方项的系数，可以判断其与企业创新绩效的关系。当以企业员工总数为企业规模测量指标时，企业创新绩效与企业员工总数之间呈现显著倒 U 型关系。这说明，企业员工较少和较多的企业创新绩效都不及员工数处于中间规模的企业创新绩效高。这一现象可从两方面进行解释。一方面，企业员工较少，意味着企业技术人员的数量可能也相对较少，创新便得不到所需要的充足人力资源，创新活动将减少，创新绩效也必将不高；另一方面，由于国有企业自身所具有的特点，企业员工人员较多时，往往意味着与创新无关的人员数量庞大，无论从管理效率还

是对企业资金的占用角度上讲，都不利于创新，会削弱企业创新绩效。

虽然方程系数大多不显著，但是仍能从其系数推断出各解释变量对创新绩效的影响。使用企业销售额为企业规模指标时，可以看出国有企业创新绩效与企业规模呈负相关，销售额较小的企业创新绩效相对较低。这一结论也不难解释，企业销售额是企业盈利能力的良好体现，企业销售额低时，企业面临开拓市场和提高产量等生存压力，将更多的人力和财力投入到市场营销和设备、人员投入上，降低创新投入，以提高竞争实力。企业销售额高时，企业创新动力逐渐提高，并有能力将更多资源投入到研发创新活动中，创新绩效有所提高。

从企业总资产项系数仍然可以看出，企业总资产对企业创新绩效影响并不显著。这一现象的产生可能归因于国有企业的自身特点。国有企业由于制度、政策和所处领域等原因，往往经营多年且资产雄厚。资产总量优势并不一定意味着企业盈利强，总资产的优势可能仅仅得益于其特殊的所有制形式。因而，总资产的增加并不能保证企业具有更多的创新活动和更高的创新绩效。

在控制变量中，企业技术人员占比的系数为正。这表明，企业创新绩效随着企业技术人员占比的提高而增加。企业创新人力资本的增加显示出企业对创新的积极意愿，表明企业正在积极地开展创新活动，这将促使企业创新绩效的提高。创新投入强度对企业创新绩效在10%显著性水平下有正向影响，说明企业提高创新强度能够有效提高企业创新绩效。政府支持和市场竞争程度对企业创新活动影响较弱。

在已有的研究中，行业因素和地区因素对创新的影响大多显著，显示出经济发达地区和技术密集型行业的企业的创新水平相对较高这一特点。但在我们的研究中，行业因素和地区因素未对国有企业的创新绩效产生显著影响。我们的样本企业为中央企业上市子公司，这些公司与其他企业相比，肩负着更多除了追求自身利润和发展以外的社会责任。这使得企业选址或业务开展在一定程度上受政府调控的影响，受市场条件的影响程度相对减少，从而造成行业和地区因素在这些企业创新活动上没有产生突出的影响。

为了研究企业规模和创新绩效的动态变化关系，本书选择了康佳集团股份有限公司作为研究对象，基于企业 2001—2013 年企业员工总数、资产总额、销售额和专利产出数据，运用向量自回归模型（VAR），研究企业规模与创新绩效的关系。通过变结构单位根检验，我们发现，企业四项指标数据均为平稳时间序列，根据赤池准则（AIC）和施瓦茨准则（SC），我们选择二阶滞后，并得到结果如表 2-7 所示。

由于仅研究企业规模对创新绩效的影响，表 2-7 中仅给出以专利产出作为被解释变量、各规模变量滞后一期和二期作为解释变量的结果来描述企业规模对创新绩效的关系。从表中可以看出，各规模变量对创新产出的影响均在 1%的水平上显著，滞后一期的销售额对企业创新绩效有正的影响，滞后二期的销售额对企业创新绩效有负的影响。因此可以认为，企业销售收入在一年以后会通过创新投入的形式转化为专利产出，滞后两年销售收入则对创新产出产生负的影响。滞后一期的员工总数对企业创新绩效均有正向影响，说明随着员工数量的增加，企业创新绩效也在提高，滞后二期的员工总数则对创新绩效产生负的影响。滞后一期的公司资本总额对企业创新绩效有负向影响，说明公司资本越雄厚并不一定促进创新绩效的提高，滞后二期的结果则相反。

表 2-7　中央企业上市公司及子公司创新绩效与企业规模关系向量自回归结果

PATI	滞后阶数	系数
PATI	L1	0.9922*** (23.06)
	L2.	1.5378*** (15.52)

续表

PATI	滞后阶数	系数
SALE	L1.	6.47e-08*** (7.14)
	L2.	-3.57e-08*** (-4.51)
EMPL	L1.	0.1916*** (18.75)
	L2.	-0.1938*** (-20.74)
CAPI	L1.	-4e+65-7*** (-19.41)
	L2.	3.32e-07*** (16.23)
_ cons		856.2999

注:***表示在0.01水平上显著。

2.5.4 自主创新主要成就

在国家有关部门、国资委和中央企业的共同努力下,中央企业自主创新取得了可喜的成绩。中央企业很好地发挥了自主创新的骨干作用和模范带头作用,为我国科技创新打下了坚实的基础。中央企业在创新型企业建设,国家重大项目工程攻关,关键领域核心技术突破和战略性新兴产业建设上不断探索,取得了令人瞩目成就。

1. 创新型企业建设取得新进展

随着中央企业创新能力的不断提升,越来越多的中央企业进入到创新型企业建设行列。截至 2012 年年底,在 115 家中央企业中,已有 66 家先后开展创新型企业试点工作,占全部 115 家中央企业的 57.4%。参加试点的 66 家中央企业中，有 52 家中央企业已经被命名为创新型企业，占全部 115 家中央企业的 45.2%。由此可见，中央企业开展创新型企业试点工作建设积极性非常高涨，国家层面上也积极制定各项政策，鼓励中央企业更加主动地开展自主创新，这些都为中央企业自主创新能力的提高打下了坚实的基础，为中央企业自主创新提供了强大的内外动力。

2. 突破行业技术瓶颈并掌握一批关键技术

我国中央企业在加强自主创新能力的要求下，只有不断地加强技术创新，取得核心技术突破，才能摆脱技术上受制于人的局面，实现集约型经济增长，并在国际竞争中掌握主动权。在我国经济发展的若干时期，西方国家对有关我国国民经济发展的重要技术实施封锁，导致我国经济发展速度迟缓。随着改革开放的进一步发展，科技创新也迎来了春天。在我国国民经济建设中起到关键作用的中央企业，依然起到了引领作用。为了保证我国国民经济的快速发展和国家的安全，只有中央企业主动承担我国自主创新的旗帜，在自主创新中形成引领和示范作用，才能带动我国企业自主创新整体能力的提升。关键核心技术突破对中央企业发展有非同一般的作用，它是中央企业提升自主创新能力，形成核心竞争力的前提条件和物质载体，是中央企业发展的动力源泉[97]。核心技术取得越多的突破，中央企业的竞争力越强，中央企业发展的越快，可谓"越创新，越发展"。近年来，我国的中央企业通过科技攻关突破了一系列限制发展的技术瓶颈，掌握了一批核心技术，填补了国内相关领域的空白，在世界上处于领先水平。

在国家科学技术进步奖获奖单位中，中央企业成绩突出。2012 年有 41 家中央企业获得中国科学技术奖，占获奖企业总数的 68%。其中，由国家电网公司主持攻关的"特高压交流书店关键技术、成套设备及工程应用"和中国石油化工股份有限公司的"大型超深高含硫气田安全高效开发技术及工业化引用"包揽了全部两个特等奖。中国北车、中煤集团和中国黄金等中央企业在不同行业获得了国家科技进步奖的其他奖次。中国北车参与研发的"京津城际铁路工程"获得了2012年度国家科学技术进步奖一等奖。京津城际铁路是我国首条高速铁路，京津城际铁路的顺利完工对我国京津的发展有着重要意义。中煤集团装备公司的"大倾角煤层综采综放工作面成套装备关键技术"项目荣获国家科学技术进步奖二等奖，该项目解决了大倾角煤层综采综放开采中的共性技术难题，对提高我国煤机装备的研发水平、推动煤机行业走向世界提供了强有力的技术支撑[98]。中国黄金集团公司参与完成的"浮选机大型化关键技术研究及工业化应用"项目获得2012年度国家科技进步奖二等奖。解决了浮选机大型化过程中存在的粗粒矿物回收率低等世界性难题，使我国成为世界上掌握大型浮选机关键技术的三个国家之一。

这些具有自主知识产权的关键技术的获得，突破了行业技术瓶颈，打破了国外在该领域的垄断，不仅极大地提高了我国在该领域的技术领先地位，还极大地促进了我国国民经济发展，同时也保障了国家的政治安全。由此可见，中央企业通过自主创新所获得的核心技术，不但打破了行业技术瓶颈，同时也带动相关行业整体技术的跃升。这种经济发展的乘数效应则显现的非常突出，带动相关行业经济的迅猛发展。中央企业不断提高自主创新能力由企业的性质和时代的要求所决定，具有鲜明的社会性和历史属性。

3. 在战略性新兴产业重点领域取得重大进展

2006—2020年《国家中长期科学和技术发展规划纲要》中明确规定了我国需要突破的11个重点领域和攻关的16个国家重大科技专项。在这些重点领域和科技专项中，中央企业几乎都有参与。中央企业紧紧围绕我国"十二五"发展战略目标，努力树立自主创新意识，发挥骨干带动作用，加快推进转型升级步伐，在新能源、新材料、节能环保、智能电网、三网融合等战略性新兴产业领域形成了领先优势，并在主导产业和关键技术领域掌握了一批具有自主知识产权的核心技术，形成了技术优势和核心竞争力，在战略性新兴产业重点领域等方面取得的自主创新成果更加斐然。可以说，中央企业在该领域的自主创新的成绩，更加有力地保证了国家民生安全，具有经济的重大作用和战略重要性[99]。

在 2012 年我国科学技术奖获奖项目中，中央企业获得多项奖项，掌握了一批核心技术，形成了技术优势。在节能环保领域，有"千万吨矿井群资源与环境协调开发技术""面向材料生产流程的环境负荷定量评价技术及应用""大通量高效立体传质塔板技术及其在化工节能降耗中的应用"等多个项目获奖；在信息技术领域，有"TD-SCDMA 关键工程技术研究及产业化应用""数字视频编解码技术国家标准 AVS 与产业化应用"等技术成果；在高端装备制造领域，有"水平井钻完井多段压裂增产关键技术及规模化工业应用""高危险性化工装置重大事故预防与控制技术装备及其工程应用""重型高速柴油发动机关键技术及产业化"等创新技术和产品；在新材料领域，有"竹浆纤维及其制品加工关键技术和产业化应用""碳/碳复合材料工艺技术装备及应用"等技术和新产品获奖。在智能电网领域，有"特高压交流输电关键技术、成套设备及工程应用"等项目获奖[100]。这些获奖科研成果，为中央企业在战略性新兴产业重点领域的快速发展提供了技术支撑。

2.5.5　自主创新存在的问题及原因分析

1. 中央企业自主创新存在的主要问题

（1）中央企业的核心技术和设备对外依存较高。尽管近年来我国中央企业的技术水平和自主创新能力有了一定程度的提高，一些企业也具备了一定的国际竞争力，但从整体来看，中央企业自主创新能力还不高，与欧美发达国家的企业相比尚存差距。具体表现在以下两个方面。首先，专利技术缺乏。我国中央企业缺乏具有独立产权的核心专利技术。每年我国大约有 50% 左右的发明专利申请来自于境外公司，且绝大多数集中在高科技领域。我国中央企业的专利申请数量虽然逐年呈上升趋势，但是相对来说数量仍然偏少。从整体来看，美国和日本公司拥有的专利技术数量大约占到了世界的 90%左右，大约是我国的 10 倍[101]。中央企业由于缺乏通过自主创新获得的核心尖端技术的能力，即使暂时发展很快，在长期也难以逃离"产业技术空心化"的危险，从而对中央企业进一步打开国际市场参与国际竞争埋下隐患。其次，核心设备依赖进口。我国中央企业虽然是世界工业品的生产大户，但生产装备特别是技术装备水平还不高。真正高附加值的，高精尖技术的工业产品输出还很少。一些关乎国民经济命脉的产业领域需要的核心装备不能做到自给自足仍然需要进口，这就难免导致中央企业受制于人。我国政府每年对中央企业的固定资产投资中有 70%用于购置重要设备，而只有 10%的购买来自于自于国内，中央企业目前关键设备对外依存度较高，不利于企业的创新发展[102]。

（2）技术成果"重引进，轻吸收"。我国中央企业对技术的引进还停留在"重引进，轻吸收"的老路上。企业花费大量资金从国外引进先进技术，之后迅速用新技术进行生产，创造价值，但不愿意花费心力在新技术的吸收和创造上，从而永远不能摆脱"落后—引进—再落后—再引进"的恶性循环。虽然我国消化吸收经费占技术引进经费的比重已经由 2002 年的 6.9%上升到 2010 年的 36%，但是这一比率与发达国家相比还有差距[103]。日本在技术消化吸收上的投入大约是技术引进的十倍。引进技术的消化吸收能力薄弱，严重影响了中央企业自主创新能力的提高。

（3）产学研三位一体的创新平台尚未形成。虽然近年来中央企业创新能力已经有了较大提高，但与世界先进水平尚存很大差距，我国中央企业还没有真正转化为自主创新的主干力量。在企业自主创新能力有限的情况下，充分利用科研院所和高等学校的科研能力，进行科技创新并构建"产学研"三位一体的创新体系是十分必要的。高等院校和科研院所的加入无疑可以为我国中央企业自主创新提供强大的智力支持，进而能够确保中央企业自主创新能力的提高。但目前，中央企业"产学研"联系还不够紧密，三者之间联系还较为松散，难以形成一个完整的自出创新平台。科研机构和高等院校的科技研发资金主要来自于国家政府，少有企业支持。因此，科研院所和高等院校难以投入精力在企业关心的领域进行科技研发。而中央企业则认为，高等院校和科研院所的创新研发往往仅重视技术指标，忽视企业与市场的需求，从而导致其科技成果转化成产品困难，无法为企业带来效益。"产学研"的结合要求中央企业以"产"作为创新的主体，"学"和"研"作为支撑。

（4）科技投入不足，自主创新盲目。虽然我国的科技人力资源总量已经跃居世界第二，但是与美日等发达国家相比，人均相对指标仍然存在较大的差距。投入不足已经成为困扰我国中央企业自主创新的重要制约因素。具体看来，我国从 20 世纪 90 年代开始，研发投入占 GDP 的比重一直稳定在 0.6%~0.7%。进入 21 世纪之后，这一比率虽然连年提高并在 2012 年年底研发投入达到了 10240 亿元，占国民 GDP 的 1.97%。但美国和日本这一支出比例在 2012 年就已经达到了 2.8%和 3.5%[104]。由此可见，我国研发经费的投入与发达国家的差距虽然在进一步减小，仍然存在较大缺口，这是制约中央企业自主创新的一大障碍。此外，我国中央企业的科技基础条件平台优势不突出，大型科研设施以及科研资料、科学数据等仍存在较大不足。一些中央企业存在盲目购置设备、使用效率底下的问题，没有形成全社会共享机制，造成了资源的浪费。企业之间科技资源低水平重复严重，同一课题，重复立项、重复投资。在基础性研究、行业共性技术研发方面，企业间没有广泛建立和形成技术创新的战略联盟或协作关系。由于中央企业之间缺乏整体规划和政策引导，难以实现创新资源的共享，科技创新人员难以及时了解彼此的情况，也无法依据掌握的最新科技文献和数据进行科技创新，自主创新存在很大的盲目性。

（5）自主创新激励机制尚不健全。创新激励对于中央企业自主创新的重要性是不言而喻的，但是我国中央企业明显存在创新激励不足的问题。自主创新激励从成因上来看主要分为两部分，内部激励和外部激励。内部激励就是企业内部做出的一些激励政策。而一个拥有良好内部创新激励的企业会依托设计良好的激励机制构建一个优质的自主创新环境。利用加

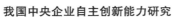

薪、晋升和表彰奖励等方式到把企业自主创新与创新人员紧密地联系在一起，以此激励他们从自身利益和公司利益出发进行自主创新活动，达到企业自主创新行为的良性循环。外部激励则是除了企业内部所进行的激励之外，对企业自主创新有帮助的外部条件政策。虽然国家在"十一五""十二五"规划中都明确指出要重视对自主创新的激励，但和其他国家比较，我国政府对自主创新的扶持力度还明显不够，滞后于其他国家。日本早在1960年就提出"设计立国"的口号；韩国政府在1970年成立了设计振兴院来推动韩国企业自主创新；而我国直到2008年，才在国务院提出的国家级政策中提出"中国设计"这个概念[105]。我国自主创新激励机制的构建任重而道远。

2. 中央企业自主创新不足的原因分析

中央企业创新能力不足的原因有很多，其中既存在原生的机理性原因，也存在后天的发展性原因。要全面地看待我国自主创新能力不足的原因，就应该从主观和客观两个方面进行综合考量。我国中央企业创新能力不足的主要原因如下。

（1）中央企业自主创新动力机制尚未形成。中央企业在自主创新动力机制的形成上普遍存在着压力不大、体制不顺、政策不利、观念不新和素质不高这五个问题。究其原因，表现为中央企业的垄断地位导致的市场竞争环境缺乏。中央企业尚未完全成长为市场经济条件下的利益主体，大多中央企业的价值观念和行为规范远还没有完全融入市场竞争的升级，还把企业的生存与发展建立在对上级政府机关的依附上。我国央企的高层领导者很多都是由国家指派，他们之中一部分人缺乏必备的知识水平和管理能力，并且对国家的一些政策方针领会不到位，对瞬息变化的市场缺少敏锐的洞察力，对企业的技术创新和发展趋势也不够了解，因此导致了中央企业缺乏合理的自主创新动力机制。

（2）中央企业在自主创新组织管理方面存在不足。首先，多数中央企业的生产组织管理模式无法与现行的自主创新组织相配套，中央企业生产组织模式较为落后，这种落后的生产关系是不可能适应先进的生产力的发展的，因此在一定程度上，很难提高自主创新能力。其次，大多中央企业对自主创新组织管理的指导思路仍然没有由"封闭式"转化到"开放式"。大多中央企业一心想通过"闭门造车"来提高自己的自主创新水平，而不善于从外部引入技术成果和技术力量，这无疑是对资源和精力的极大浪费。中央企业的"封闭式"管理也会导致缺乏足够的外部信息为企业提供决策依。最后，中央企业内的大多数创新主体缺乏创新自主权，且内部环境缺乏创新竞争机制，创新行为受到组织限制，从而导致创新行为缺乏活力。

（3）中央企业没有协调好自主创新与技术引进消化的关系。引进技术可以缩短国家间。企业间的技术差异，可以提高引进国家或者企业的技术水平、管理水平。消化技术是指吸收引进别人的创新成果，并在此基础上开展创新活动，突破引进技术局限性。自主创新是完全开发具有自主知识产权的创新产品，从技术上取得竞争优势。中央企业花费了巨额外汇用于技术引进，不可否认，一些中央企业通过技术引进加快了发展的步伐，取得了很大的成就。但这种依靠大量技术引进推动的发展只是暂时的，不可能成为长期发展的根本动力。当前，某些中央企业出现了一种怪圈，即"引进—落后—再引进—再落后"的恶性循环。中央企业应当居安思危，在合理科学的引进消化国外先进技术的同时，不断进行自我技术创新，而非引进后一劳永逸。如果不通过引进技术的消化吸收并进行技术创新，中央企业将永远无法摆脱技术落后受制于人的窘境。

（4）中央企业对创新型人才的重视程度不够。创新型人才是提高企业创新能力的主力军，企业拥有了创新型人才，就拥有了发展的主动权，创新型人才为企业发展提供了强有力的智力支撑。但是，很多中央企业往往对创新型人才重视不够，缺乏合理的鼓励机制，很多中央企业经营者不知道怎样把尊重人才落到实处，从而导致中央企业自主创新难以有效实施。当然，这里提到的尊重人才不仅仅是精神上的尊重，还包括物质上的满

足。在市场经济环境下，物质利益对人才的吸引力越来越大，中央企业无疑应在各方面加大对创新人才的重视程度，才能真正地把技术创新视为企业的第一生存要素落到实处。

（5）中央企业自主创新相关政策尚存障碍。首先，虽然国家已出台不少自主创新有关政策，但在配套服务上做得不够好，缺乏具体相关实施条款，导致政策难以实行，成为一纸空文。其次，政府政策执行部门力度不够，相关政策在政府具体实施过程中，往往会出现偏离现象，一些政府机构人员阳奉阴违，甚至设置阻碍。同时，当相关政策与现阶段政府落后的管理模式相冲突时，政策往往让位于政府落后管理模式。最后，中国企业自主创新相关政策内容还需完善，现行政策对自主创新激励作用较弱，科技中介服务体系也不够完善，相关法律法规的完整性和统一性不够。

（6）中央企业在自主创新环境有待完善。第一，市场没有形成合理的竞争机制，特别是不正当营销策略横行，主要表现在商家为了利益最大化，已不再仅仅注重商品本身的质量、种类和价格，更多地是关注营销手段，甚至非法竞争抬头。这严重地损坏了市场秩序，更导致了企业缺少自主创新的动力。第二，中央企业的某些行政权力使用不规范，存在"越位"和"缺位"现象。这些不合理的行为干预了市场竞争环节的有效实施，加剧了市场的盲目性和自发性，使中央企业市场创新环境的培育受到阻碍。第三，中央企业的机构庞大、环节众多，自主创新氛围的构建难度较大。关于创新的政策和规章制度的传导和实施缺乏监督，干扰和阻碍中央企业自主创新的实现过程。第四，缺乏对构建自主创新环境的总体规划和统筹，不能构架自主创新环境的良性运动链条并形成统一的战略部署。最后，我国总体的竞争环境还不能很好地服务于企业自主创新，政府在整个竞争环境大局中依然占主导地位，这在科技创新方面尤为突出，导致企业自主创新能力与其经济效益关联性不足。

第 3 章　我国中央企业自主创新能力的影响因素分析

中央企业自主创新能力是中央企业适应未来发展，适应市场环境能力的具体表现，中央企业自主创新能力受多种因素影响。本章将影响企业创新能力的因素按照来源分为外部因素和内部因素，通过对内外部影响因素的理论分析，梳理出影响自主创新能力的几大因素；然后通过构建结构方程模型，结合调查问卷获得的数据，对于影响中央企业自主创新能力的因素进行统计分析，进行假设检验；明确得出各因素的影响顺序及影响强度，并对此进行理论解释。中央企业自主创新能力影响因素的分析，为后续章节提出对策建议时提供了依据。

3.1　影响中央企业创新能力的内外部因素分析

3.1.1　影响中央企业创新能力的外部因素分析

1. 科技与资源环境因素分析

社会科技进步的发展，给企业技术创新带来了机遇的同时也带来了挑战。在人类历史发展中，每一次重要的科学技术发明和发展都会带来一系列的技术创新活动[106]。在通常情况下，技术发展不会是由一家企业来主导的，消费者的需求和同行业的竞争对手的技术创新活动，都影响本行业技术创新的发展。企业的创新行动是一种经济行为，而产生经济行为的同时必然会考虑回报问题，因此中央企业在发展技术创新时必然会将技术发展阶段的影响纳入考虑范围。在技术创新发展的初级阶段，需要大量的投资。这个投资从长期发展的角度来看，对研发能力强的企业更适合，这是由于技术垄断会带来巨大的利益。当技术创新发展到中级阶段时，技术相对较为成熟。在此阶段，原始创新的投资还不是很多，核心技术也可以快速掌握。当技术创新发展到后期阶段时，技术的发展已经相当成熟，这个时候企业可以采用集成创新。当技术创新的发展达到饱和时，就该考虑技术的引进问题。

自主创新是一项需要各类资源的支撑的创造性活动，包含自然资源、人力资源和信息资源等在内的资源环境，对创新型企业的持续创新及持续创新能力产生作用，同时对创新活动产生重要的影响。任何一个国家或地区，要想进行自主创新活动，就必然要与自然资源产生关联。在企业创新活动中的众多影响因素中，自然资源是最基本的成分，它直接对技术创新活动的规模与效益产生影响[107]。通常而言，自然资源的再生要经历一个漫长的过程，因此要求不断提高自然资源的利用效率，这也促进这一领域的技术更新与革命。此外，在企业创新中，基础设施的作用逐步得到了发挥。基础设施的完善，降低了企业创新活动的成本，也提高了创新活动的效率。创新活动的另一个关键因素是人力资源环境。在通常情况下，企业创新活动中人才素质的高低影响企业创新活动的质量，企业越重视创新活动，越能获取高素质的创新人才。除此之外，信息资源在企业的创新活动中也发挥重要作用。在创新活动的所有过程中，都蕴含大量的科学技术、市场环境和行业发展等一系列活动[108]。

2. 政策与服务环境因素分析

政府在企业创新活动中所发挥的作用，可以为中央企业提供便利的政策支持。在这些政策措施中，最主要的就是政府投资企业的技术创新、对企业提供资源扶持这两项。政府引导企业的行为，在创新体系中发挥了重大作用，政府主要是通过创新战略和相关的政策来引导企业。政府的这些行为将促进整个地区的企业技术创新能力水平。政府制定公共政策来帮助企业技术创新，在财政、税收和金融等方面制定的政策扶持企业的技术创新，这促使企业的技术创新有了强大的后盾支持，在技术创新发展的道路上排除了许多障碍[109]。为了更好地保护中央企业的技术创新成果，规范技术创新的市场，政府会采用一些手段方法来保护企业的知识产权。政府对知识产权的保护，是保障企业技术创新所带来的利益，这对中央企业持续发展技术创新活动产生了重要的影响。

影响企业持续发展技术创新的主要因素有金融服务、人才服务、技术市场，以及咨询公司、信息情报中心、会计事务所、律师事务所和企业内部的服务环境[110]。中央企业要想发展技术创新，就必须投入大量的资金，而这些资金主要的来源有贷款、风投和债券等构成的金融体系。中央企业要想获得优秀的创新型人才，就要提供一个有利于人才发展的良好环境，这样才能吸引大量的技术创新人才为企业的创新活动中发挥重要作用。技术市场可为企业技术创新提供一个交易平台。在技术市场中，中央企业可以进行所有权的转换、使用权的让渡、传递和信息等多种形式的技术交易。咨询公司、信息情报中心、会计事务所和律师事务所等专业的服务机构，也对企业的技术创新提供了大量的帮助[111]。

3. 市场环境因素分析

市场经济同计划经济相比较，它的优越性体现在了市场经济可以为企业的市场竞争提供一个相对公平的环境，同时提高了信息传递的速度，使信息更加准确地得到传递。市场经济体制的完善推动了企业持续创新的发展。市场经济的核心是价格机制，在市场经济体制下，产品价值的变化反映了市场的供求关系。通过价格机制的调节，企业按照市场的供需情况重新分配生产要素和社会资源，为消费者提供满足其需求的产品和有效的服务[112]。在市场经济作用下，竞争日益激烈。市场为企业提供了一个公平的竞争环境，中央企业要想得到可持续发展，就必须在激烈的竞争中取得胜利，而中央企业在激烈的市场竞争中稳步发展也是企业得到可持续发展

的关键。除此之外，创新产品的市场转化率也推动了企业技术创新的可持续发展。

3.1.2 影响中央企业创新能力的内部因素分析

1. 创新的组织与管理因素分析

对企业进行创新的组织与管理是一项系统性的活动，需要考虑多方面的内部因素。其中包括创新决策系统、创新战略和组织结构等因素。由于创新是一个长期的和复杂的动态过程，因此需要企业不同的部门和人员的共同参与相互配合。企业是否能够抓住创新机会、保持持续创新的活力与能力，主要在于企业对于创新是否具有科学合理有效的组织管理，以及是否能制定出相应的发展战略[113]。企业的创新决策管理，不仅仅包括对于参与创新活动的科研人员，还包括一系列复杂的人员结构管理。发展战略对于创新活动的实施更加重要，有效的创新发展战略能够为创新活动指明方向，保证企业创新活动不会误入歧途。创新管理活动还需要建立有效的组织决策系统，从而解决由于不确定因素给企业创新活动带来的一系列问题。企业的自主创新活动要有一定的科学组织与管理，能够适应外部环境冲击，要具有动态性、可塑性和可适应变化的组织结构。

2. 人力资源与知识管理因素分析

企业的创新活动归根结底是由人来完成的，人是参与中央企业自主创新活动的最主要的创新主体。对于创新活动，配置专业的科研人员及有效的人才结构是决定创新活动成败的关键[114]。在创新过程中，具备合理的人才结构、具有专业的人才对于创新能力的提高具有重要作用。他们是自主创新活动的技术保证。企业创新能力提高还需要具备一定的知识管理水平，企业的知识管理水平的高低关键在于企业能否将储存的知识进行有效利用。因此，企业内部知识网络管理水平，技术专业知识的交叉运用等，都能够影响中央企业的自主创新能力。

3. 研究开发与成果转化因素分析

研究开发与成果转化能力是影响中央企业自主创新的最根本原因。研究开发主要包括三个方面，即基础研究、应用研究及开发研究。这三个方面既是企业进行持续创新的前提，也是创新能够持续的技术保证。研究开发是创新项目进行的前提，研究开发包括立项、选题和技术运用等多方面内容。技术运用是研究开发最重要的环节，合适的技术能确保研究开发取得成功[115]。研发获得成功并不代表自主创新活动的完成，中央企业归根到底是企业性质，只有将研究开发成果转化为市场需要的产品，才能获取利益。因此，成果转化能力也是决定企业自主创新能力的一大因素。

4. 创新文化与企业家精神因素分析

创新文化是一个企业自主创新能力的"灵魂"。随着经济全球化的发展，市场竞争越来越激烈，技术更新换代越来越快，这要求企业必须重视创新文化，不能故步自封，尤其是创新型企业。中央企业必须依靠能够面向创新的文化来应对技术、资源及各种环境的挑战，始终保持在动态的创新活动过程中，随时引进吸收各种创新条件及技术，把握创新机会，以便能站立在创新的最高端[116]。

企业家精神是企业创新文化的一个体现，企业家是一个成功的创新企业的主导者，企业家精神能够感染企业进行创新[117]。企业家精神包括创新意识、机会意识及实干精神等，在企业进行自主创新活动中的地位尤其重要。创新意识是企业家精神的基础，是企业家做出创新决策活动的源泉。机会意识及实干精神等是企业能否将创新意识转化为创新活动的决定因素，是企业家做出决定的关键因素。创新文化与企业家精神在创新活动中的影响作用不可忽视，因此必须充分发挥企业家在企业持续创新活动中的重要作用。

3.2 中央企业自主创新能力影响因素的理论模型构建

3.2.1 结构方程理论模型的建立

按照本书的研究思路，将我国中央企业自主创新能力影响因素分成外部因素和内部因素。如果从另一个研究角度来分析，这些内外部因素所包含的因素可以归结为资源因素和管理因素。本章是借助结构方程模型，来剖析这些包含在中央企业内外部的资源与管理因素对于自主创新能力形成的影响机理。上述的分析与梳理，构建了我国中央企业自主创新能力影响的结构方程理论模型，如图 3-1 所示。

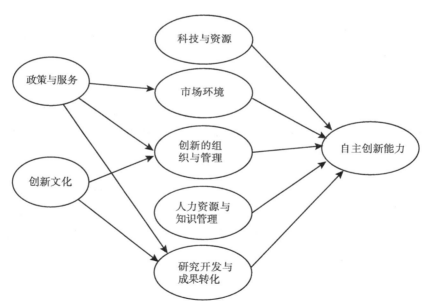

图 3-1 结构方程理论模型

3.2.2　提出假设

在上述理论分析的基础上开始建立结构方程模型，这是一个不断优化的过程。其中，政策与服务、创新文化两个要素虽然不能直接影响中央企业的自主创新能力，但是却对直接因素有重要的影响。因此我们将政策与服务、创新文化定义为间接因素。资源与科技、人力资源与知识管理这两个因素与资源、技术等联系密切，但与政策服务及创新文化联系不大，不受间接因素影响。外部的市场环境不受企业内部的创新文化影响。据此，我们提出以下相关的假设：

H1：资源与科技对自主创新能力有显著相关性。

H2：市场环境对自主创新能力有显著相关性。

H3：创新的组织与管理对自主创新能力有显著相关性。

H4：人力资源与知识管理对自主创新能力有显著相关性。

H5：研究开发与成果转化对自主创新能力有显著相关性。

H6：政策与服务对市场环境有显著相关性。

H7：政策与服务对创新的组织与管理有显著相关性。

H8：政策与服务对研究开发与转化有显著相关性。

H9：创新文化对创新的组织与管理有显著相关性。

H10：创新文化对研究开发与成果转化有显著相关性。

3.3　问卷设计

本书首先参考国内外大量文献，提出了中央企业自主创新能力影响研究的理论模型的大致框架；然后，根据案例调查及实地研究确定了理论模型的初步假设。对于结构方程模型的分析，本书采用定向样本调查的方法，将部分中央企业及其子公司作为调查对象，设计调查问卷。本书希望设计的调查问卷能够科学有效地概况所需研究内容，并能为后续研究提供帮助。在综合专家意见及反复探讨后，本书确定了调查问卷内容及后续研究方法[118]。

3.3.1 问卷设计的基本内容

中央企业自主创新影响研究的调查问卷主要由四部分组成。

（1）被调查中央企业的基本信息。

（2）被调查中央企业自主创新的外部因素。

（3）被调查中央企业自主创新的内部因素。

（4）被调查中央企业自主创新能力构成要素。

3.3.2 问卷设计的基本过程

本书使用的调查问卷是在参考国内外文献的基础上，通过专家访谈、企业案例分析，根据所要调查的内容及目的进行设计的。设计思路如下。

（1）设计的调查问卷要能获取想要获得的信息。在参考大量国内外文献的基础上，参照结构方程模型调查指标设计方法，归纳出自主创新能力及影响因素的指标，并通过实际调研及探讨分析对指标进行筛选排除。

（2）在实际调研过程中，对中央企业自主创新分析现状有了大致了解；同时，了解到影响中央企业自主创新能力因素的各指标特征及与问题的关联性；然后，有了大致成熟的理论框架，并以此为指导，初步设计调查问卷。

（3）听取专家意见。调查问卷初步设计完成以后，以学术探讨形式与研究人员讨论调查问卷的结构与内容的合理性，根据反馈意见对调查问卷进行二次修改。

（4）预测试。先小范围对问卷进行测试，根据问卷答题者的反馈信息进行修改，预测试的主体为中央企业。

（5）根据发放调查问卷的形式（邮件发送、人工发放等）对调查问卷进行适当修正，然后形成最终调查问卷。

3.3.3　研究主体及样本获取

1. 研究主体

本书的研究主体为中央企业及其子公司。中央企业及其子公司是指2012 年各中央企业网站披露的上市公司及子公司，不包括一部分保密企业及三年内无创新的企业。这些上市公司及子公司拥有中央企业集团大部分的核心资产，公司创新战略和管理与企业集团整体战略相一致。

2. 样本大小

本研究采用结构方程模型作为主要分析工具。一般来说，运用 AMOS软件进行数据分析所需要的样本数要求满足的条件为：样本数为变量数的10~25 倍。通过网络定向发放问卷的形式，通过问卷星、51 调查网等网络调查机构，向部分中央企业的相关人员共发放调查问卷 650 份。其中，收回调查问卷 415 份，淘汰掉无效问卷，共获得有效问卷 307 份。

3.3.4　样本描述

本书问卷获得的所有样本均面向中央企业及其子公司，样本统计出参与受访人群的性别及年龄、我国中央企业现有企业的规模状况，按照企业人数、总资产和销售额的指标统计，均应属大型企业或者是超大型企业。但考虑到样本数据中包含采集到的部分央企子公司，而这些上市子公司的规模部分为小型企业，故本研究的分类中包含有小型企业和中型企业。如果受访者所在企业规模用人数表示，那么企业员工低于 300 人的为小型企业，介于 300 ~2000 人的为中型企业，拥有 2000 名以上员工的企业为大型企业。受访问者情况如表 3-1 所示。

表 3-1　受访问者情况

项目	名称	人数（个）	百分比（%）
性别	男	158	51.46
	女	149	48.53
	合计	307	100
年龄	30 岁以下	71	23.13
	31~40 岁	163	53.09
	41~50 岁	62	20.20
	51~60 岁	9	2.93
	60 岁以上	2	0.65
	合计	307	100
企业规模	低于 300 人小型央企（子公司）	34	11.07
	300~2000 人中型央企（子公司）	173	56.35
	2000 名以上大型央企（子公司）	100	32.57
	合计	307	100

3.3.5　调查问卷获取数据的信度检验

信度反映的是测验受随机误差影响的程度，它是评价一个测量指标的质量优劣的重要标准。只有信度达到一定要求的测量指标才可以考虑使用。本书首先通过 SPSS22.0 进行可靠性分析，采用 *Cronbach's* α 系数法。通常认为，*Cronbach's* α 大于 0.7，表示信度较高[119]。

1. 中央企业自主创新能力调查问卷信度检验

中央企业自主创新能力调查问卷主要由三部分构成，分别为技术创新、制度创新及管理创新。在这三部分中，技术创新是中央企业自主创新能力形成的关键，而制度创新和管理创新是推动技术创新有效实现的关键。它们是互相关联、密切协作的，通过相互间的耦合互动来推动中央企业自主创新能力的有效提升。通过对问卷获得的数据进行分析，可以得知技术创新、制度创新和管理创新的 $Cronbach's\ \alpha$ 系数均大于 0.7，且各变项 KMO and 球形检验均超过 0.7。去除单项后，量表信度变化不大，这表明这一量表具有较高的信度，如表 3-2 所示。

表 3-2　中央企业自主创新能力调查问卷信度检验

名称	构面	变项	变量	去除单项后 $Cronbach's\ \alpha$ 值	球形检验	$Cronbach's\ \alpha$
自主创新能力（CXNL）	技术创新	Y1	Y_{11}	0.745	0.869	0.861
			Y_{12}	0.784		
			Y_{13}	0.764		
			Y_{14}	0.770		
			Y_{15}	0.800		
			Y_{16}	0.750		
	制度创新	Y2	Y_{21}	0.722	0.889	0.873
			Y_{22}	0.807		
			Y_{23}	0.831		
			Y_{24}	0.807		
			Y_{25}	0.803		
			Y_{26}	0.720		
	管理创新	Y3	Y_{31}	0.766	0.857	0.831
			Y_{32}	0.765		
			Y_{33}	0.768		
			Y_{34}	0.767		
			Y_{35}	0.795		

2. 影响中央企业自主创新能力内外部因素调查数据信度

检验企业创新内外部因素的调查问卷主要有七部分构成，分别为科技与资源、市场环境、创新的组织与管理、人力资源与知识管理、研究开发与成果转化、政策与服务环境、创新文化与企业家精神。其中，前五项因素为中央企业自主创新能力影响的直接因素，后两项因素为中央企业自主创新能力影响的间接因素。通过对问卷获得的数据进行分析，可以得知这七项的 Cronbach's α 的系数均大于 0.7，各变项 KMO and 球形检验均超过0.7。去除单项后，量表信度变化不大，这表明这一量表具有较高的信度，如表 3-3 所示。

表 3-3　中央企业自主创新能力内外部影响因素调查数据信度检验

构面	变量	去除单项后 Cronbach's α 值	球形检验	Cronbach's α
科技与资源	X1	0.763	0.883	0.865
	X2	0.824		
	X3	0.761		
	X4	0.756		
	X5	0.780		
政策与服务环境	X6	0.797	0.809	0.820
	X7	0.800		
	X8	0.821		
	X9	0.808		
	X10	0.792		
市场环境因素	X11	0.708	0.877	0.856
	X12	0.729		
创新的组织与管理	X13	0.778	0.798	0.797
	X14	0.794		
	X15	0.790		

续表

构面	变量	去除单项后 Cronbach's α 值	球形检验	Cronbach's α
人力资源与知识管理	X16	0.792	0.790	0.815
	X17	0.813		
	X18	0.816		
	X19	0.786		
研究开发与成果转化	X20	0.734	0.790	0.810
	X21	0.809		
	X22	0.820		
	X23	0.787		
创新文化与企业家精神	X24	0.803	0.770	0.795
	X25	0.733		
	X26	0.804		
	X27	0.751		

3.3.6　调查问卷获取数据的效度检验

效度是指测量工具能够正确地测得研究所要测量的特质与功能。效度分析包括内容效度和结构效度[120]。本书采用的量表是在综合国内外研究文献和专家意见的基础上建立的，具有相当高的内容效度。检验调查问卷的收敛效度，往往可以通过两种方法实现。第一种方法是通过相关系数评价调查问卷的收敛效度。如果在理论模型中各潜在变量之间存在相关关系，那么显著的相关关系就能说明理论模型成立，即调查问卷具有较高的结构效度。第二种方法是通过验证性因子分析的模型拟合情况及因子载荷度进行考评。如果模型与数据拟合度较高，则表明结构效度较好[121]。本书采用第二种方法，即采用结构方程模型，通过 AMOS18.0 软件对各量表进行验证性因子分析，得到量表各变项与潜在因素的载荷系数，确定量表

我国中央企业自主创新能力研究

的结构效度。创新能力量表的结构效度基于变量要求的有限性，本书将技术创新、制度创新和管理创新的各个量表得分加总求出平均值，用三个平均值代表创新能力的三个构面的调查回收数据。因子载荷度大于 0.5，即表现结构效度符合要求。结构效度分析如表 3-4 所示。

表 3-4　结构效度分析

名称	科技与资源（KJZY）					政策与服务环境（ZCYFW）				
变项	X1	X2	X3	X4	X5	X6	X7	X8	X9	X10
载荷	0.681	0.739	0.773	0.700	0.620	0.680	0.659	0.673	0.661	0.718

名称	市场环境（SCHJ）			创新的组织与管理（CXYGL）		人力资源与知识管理（RZYZSGL）			
变项	X11	X12	X13	X14	X15	X16	X17	X18	X19
载荷	0.768	0.814	0.621	0.635	0.648	0.551	0.722	0.698	0.651

名称	研究开发与成果转化（KFYZH）				创新文化与企业家精神（WHYJS）			
变项	X20	X21	X22	X23	X24	X25	X26	X27
载荷	0.660	0.735	0.748	0.669	0.694	0.669	0.712	0.628

名称	创新能力（CXNL）		
变项	Y1	Y2	Y3
载荷	0.56	0.57	0.57

由表 3-4 可以看出，本书设计的调查问卷各变项值均大于 0.5。其中，虽然创新能力三个构面的载荷值稍小，但是由于创新能力三个构面的调查数值是加总后取平均值进行计算的，因此获得的载荷系数虽然稍小但依旧符合我们的建构要求。

用 AMOS18.0 软件进行验证性因子分析时，还须求出结构方程中的拟合优度指数，用它来检验所建立的模型与数据的拟合程度。常用的指标一般是卡方、自由度 df、*RMSEA*（近似误差均方根）、*GFI*（拟合优度指数）、*NNFI* 和 *GFI*（比较拟合指数）。一般认为，如果 *RMSEA* 在 0.08 以下（越小越好），*GFI*、*NNFI* 和 *GFI* 在 0.9 以上（越大越好），卡方比自由度之比在 1.5∶1 到 3∶1 之间，表明所拟合的模型是一个"好"模型[122]。

本书在进行中央企业自主创新能力及相应的内外部影响因素的验证性因子分析中，得出其适配度如表 3–5、表 3–6 所示。

表 3–5　创新能力量表适配度分析

指标	x^2/d. f.	GFI	CFI	IFI	NNFI	RFI	RMSEA
指标值	1.76	0.91	0.99	0.99	0.98	0.97	0.050

表 3–6　内外部影响因素量表适配度分析

指标	x^2/d. f.	GFI	CFI	IFI	NNFI	RFI	RMSEA
指标值	1.92	0.92	0.99	0.99	0.99	0.97	0.055

由表 3–5、表 3–6 可知，适配度符合模型拟合标准，表明自主创新能力及内外部影响因素量表的各题项能够衡量各要素内容。因此，可以说，央企自主创新能力及内外部影响因素量表的收敛效度达到了接受范围。

3.4　假设检验

3.4.1　结构方程模型完成图及参数估计结果

调查问卷通过信度及效度检验后，可根据调查获得的数据将其输入进 AMOS18.0 软件进行运算，得到模型运算完成图及参数估计表。如表 3–7 所示。

表 3–7　参数结果估计表

			Estimate	S. E.	C. R.	P	Label	S. Estimate
SCHJ	←	ZCYFW	1.055	0.102	10.318	＊＊＊		0.890

续表

			Estimate	S. E.	C. R.	P	Label	S. Estimate
CXYGL	←	ZCYFW	0.692	0.068	7.392	* * *		0.776
KFYZH	←	WHYJS	0.383	0.090	9.937	* * *		0.503
CXYGL	←	WHYJS	0.433	0.072	8.435	* * *		0.508
CXNL	←	KJZY	0.142	0.049	2.886	0.004		0.169
CXNL	←	SCHJ	0.132	0.087	1.516	0.073		0.029
CXNL	←	CXYGL	0.248	0.183	1.351	0.017		0.344
CXNL	←	RZYZSGL	0.206	0.059	3.470	* * *		0.263
CXNL	←	KFYZH	0.416	0.137	3.039	0.002		0.516
KFYZH	←	ZCYFW	0.644	0.074	8.743	* * *		0.807

注：* * *表示在 0.01 水平上显著。

根据参数估计结果，我们可以对之前提出的假设进行验证。各影响路径的标准化参数估计值（S. Estimate），除市场环境对创新能力外，均大于 0.165 且 P 值小于 0.05。这表示在 5% 水平下，除市场环境对创新能力影响路径外都具有显著性。因此，我们可以得出假设 H1、H3、H4、H5、H6、H7、H8、H9 假设成立，假设 H2 不成立。

3.4.2 间接因素对直接因素的影响分析

1. 政策与服务环境对直接因素的影响分析

政策与服务环境对市场环境的影响很大（标准参数估计值为 0.890），表明每改变一单位的政策与服务环境，就会同向的改变 0.890 单位的市场环境。同时，政策与服务环境对组织的创新及管理、研究开发与成果转化都有显著的正效应[123]。这表明，政策与服务环境能够很好地作用与中央企业组织的创新及管理，也能有效地促进中央企业进行研究开发与成果转化。

2. 创新文化与企业家精神对直接因素的影响分析

创新文化与企业家精神对组织的创新与管理、研究开发与成果转化的影响路径分别为 0.50、0.51，表明创新文化与企业家精神正向影响组织的创新与管理、研究开发与成果转化。因为创新文化是企业进行组织创新与管理的前提，没有创新文化，企业将无法进行组织创新与管理[124]。创新文化同样能够时时刻刻影响到中央企业进行研究开发与成果转化。

3.4.3　直接因素对自主创新能力影响分析

从表 3-7 中可以看出，研究开发与成果转化对自主创新能力影响程度最大（标准参数估计值为 0.52）。这是因为中央企业内部进行研究开发与成果转化，能够直接作用于中央企业自主创新，处于中央企业自主创新的"最前线"。这说明，中央企业要想提高自主创新能力，就必须首先重视企业的研究开发与成果转化。

其次，组织的创新与管理对自主创新能力的影响程度较大，说明了中央企业提高自主创新能力，需要有效的组织创新与管理。如果缺乏完整的创新管理体系，企业就很难发展其自主创新能力[125]。人力资源与知识管理、科技与资源同样是中央企业自主创新能力提高的一大影响因素。这表明，企业的人才战略及知识储备、技术与资源条件能够为中央企业自主创新能力提供力量。但是人力资源与知识管理、科技与资源对自主创新能力的影响程度不如组织的创新与管理影响程度大，这可能的原因是组织的创新与管理是基于整体出发，是企业独有的、难于模仿的；而人才与知识储备、科技与资源可以通过市场获取。

最后，我们发现市场环境对于中央企业自主创新能力提高的影响作用并不显著，这是出乎意料的。分析原因，可能是由于我国中央企业的特殊性，我国政府对于中央企业的扶持力度较大，且中央企业大都从事于垄断或者半垄断的行业，故市场环境对其影响并不太大。但是我们并不能忽视市场环境对于中央企业自主创新能力的影响。目前，我国正在逐渐放开市场管制，大力推行市场经济，减少政府干预，未来市场环境对自主创新能力的影响可能会逐渐加大。

第4章 我国中央企业自主创新能力评价

对中央企业的自主创新能力做进一步的评价可以直观地反映出不同企业之间创新能力的差距，概括中央企业自主创新的规律，为企业提高创新能力提供经验借鉴。由于自主创新是一个极为复杂的过程和现象，对中央企业自主创新能力进行测度十分困难。尽管如此，鉴于企业自主创新能力测度和评价在创新研究和创新实践中的重要意义，为进一步了解中央企业自主创新水平，本章将对中央企业自主创新能力进行初步的测量、评价和比较。由于缺乏中央企业自主创新的完整数据，我们将使用已经公开的上市公司年报，对中央企业所属的上市子公司（以下简称"央企子公司"）进行创新能力评价，部分地反映不同中央企业自主创新能力现状和差异。

4.1 中央企业自主创新能力评价指标的选取

4.1.1 指标选取原则

构建中央企业自主创新能力评价体系，首先需要反映评价的目的和内容，同时考虑指标的多样性和可获得性[126]。自主创新是一个涉及多方面的复杂系统，为全面和合理地对中央企业的自主创新能力进行评价，最终确定如下指标设计原则。

（1）科学性原则。所选指标要有科学的理论依据，即指标意义明确、测定方法标准、统计方法规范。评价指标的选择要能够反映自主创新能力的内涵，经济意义明确，以使客观和全面地评价自主创新能力。

（2）系统性原则。设计中央企业自主创新能力评价体系是一个复杂的系统工程。指标设置应该尽可能地反映自主创新过程中创新资源投入、创新管理、创新营销、创新产出等各个侧面的情况。指标应简单明了，相互联系，共同构成一个有机整体，从不同角度反映自主创新实际状况，形成一个完整的评价系统。

（3）可操作性原则。评价指标应具有可操作性，尽可能利用现有统计指标，且各个被评价单元间的指标具有可比性。一些自主创新能力关键指标涉及企业机密，不易统计。因此，要在较准确地反映企业自主创新能力的基础上，尽量选取具有共性和数据可得的指标，使得指标既易于获取又可直接量化。

4.1.2　评价指标体系

企业自主创新活动是一个复杂的过程，涉及从创新资源投入、创新资源管理、研究与开发、创新产出到创新成果价值转化的方方面面。企业自主创新能力是企业在这一复杂过程中所体现的创新资源组织和运用能力、研究与开发能力，以及创新价值实现能力等的集合[127]。结合国内外在评价自主创新方面所做的研究，本书建立的中央企业自主创新效率评价指标体系主要划分为两个方面，即投入指标和产出指标。自主创新投入是指系统运行过程中所需要的各种科学资源和生产要素，自主创新系统是保证自主创新活动成功的前提和关键。其中，包括人员、经费、设备等有形因素和知识、管理、信息、环境等无形因素[128]。基于数据的可获得性这一特点，在本书中，仅对有形投入这一部分加以测度。投入指标有三个，即创新投入、创新营销和创新管理能力。自主创新产出表达了自主创新资源投入所产生的效益，评价了自主创新的最终效果，主要包括在自主创新过程中的直接创新收益和即将要研发的新技术、新产品投入生产后所取得的经济效益，产出指标包括总资产周转率和拥有专利数[129]。如表4-1所示。

表4-1　中央企业自主创新能力评价指标体系

测量类别	测量维度	测量指标
投入变量	创新投入能力	研究及开发经费占比（%）
		技术开发人员占比（%）
		本科及以上员工占比（%）
	创新营销能力	销售费用占比（%）
	创新管理能力	管理费用占比（%）
产出变量	创新产出能力	企业获授权中国发明专利总数（件）
		企业获授权中国实用新型专利总数（件）
		企业获授权中国外观设计专利总数（件）
		总资产周转率

　　为了确保构造的指标体系满足 DEA 方法的条件，保证评价结论的精确度，做了以下三项工作：①在遴选指标前进行了多次调试。如果新添加的一个输入或者输出指标能够让原本无效的 DMU 变成了有效的 DMU；也可以说成是在原始的指标体系中剔掉一个输入指标或输出指标，使得原来有效的 DMU 变成了无效的 DMU，这都反映出这些变更的指标对 DMU 的重要程度比较高，对整个评价结果有一定的影响作用。缺乏这些指标，也就不能完整地体现评价目标。在遴选指标的历程中，通过对数据进行全面性的反复调试，让结论更加完整地反映出中央企业自主创新效率的现状。②依照 DEA 方法的正向性规则，也就是投入元素的增减不能影响到产出量，本书的探究过程是应用 SPSS15.0 的统计软件，把所有的投入要素、产出要素输入软件中进行了关联性剖析。通过这一解析来阐述投入要素与产出量具备明显的正相关性。③对于构造 DEA 模型分析指标体系来说，应该遵循一个首要的研究准则，那就是在构造 DEA 模型分析的指标体系过程中，抽样 DMU 样本的数量必定是投入、产出指标数量之和的两倍之多。如果没有达到两倍以上，就会导致模式的差异性减弱。本书选的样本数据在评价过程中都符合此准则。

4.1.3　具体指标描述

使用 DEA 方法对中央企业自主创新能力进行综合评价时，根据 DEA 方法对投入变量和产出变量的要求，投入变量采用指标研究及开发经费占比、技术开发人员占比、本科及以上员工占比、销售费用占比和管理费用占比。这些指标从不同角度共同反映了企业创新投入程度。产出变量指标包括企业获授权中国发明专利总数、企业获授权中国实用新型专利总数、企业获授权中国外观设计专利总数和总资产周转率，可反映企业自主创新产出情况。评价指标解释如下。

（1）研究及开发经费占比。

$$研究及开发经费占比 = \frac{企业研究及开发经费总额}{企业营业收入总额} \qquad (4-1)$$

研究及开发经费是企业自主创新资金投入的重要方面，可以充分反映中央企业自主创新资金投入强度和对自主创新的重视程度。研究及开发经费占企业营业收入比例，可以反映不同经营规模的企业自主创新资金投入情况，使得该指标在不同经营规模企业之间具有可比性。

（2）技术开发人员占比。

$$技术开发人员占比 = \frac{企业技术开发人员总数}{公司员工总数} \qquad (4-2)$$

技术开发人员直接从事研发活动，是中央企业自主创新活动的主体。技术开发人员的数量直接影响企业自主创新产出数量。为了降低企业规模对此指标在不同企业间可比性的影响，采用技术开发人员占公司员工总数比例这一指标。

（3）本科及以上员工占比。

$$本科及以上员工占比 = \frac{企业本科及以上员工总数}{企业员工总数} \qquad (4-3)$$

该指标与技术开发人员占比一同反映企业自主创新人力资源投入状

况。与技术开发人员占比不同，该指标从员工学历角度体现企业对自主创新人力投入的重视程度。为使该指标在不同规模企业间具有可比性，同样采用比例指标。

（4）销售费用占比。

$$销售费用占比 = \frac{销售费用}{财务费用+管理费用+销售费用} \qquad (4-4)$$

企业的销售能力直接关系到企业自主创新成果价值转化的效率，企业科技成果价值转化是创新整个过程的最后一步，也是关键性的一步。考虑到数据可得性和可操作性，采用销售费用占比这一财务指标来从侧面反映企业创新营销能力。

（5）管理费用占比。

$$管理费用占比 = \frac{管理费用}{财务费用+管理费用+销售费用} \qquad (4-5)$$

自主创新是企业运营过程中一项重要的活动，企业综合管理能力是企业运营效率提升的保障，同时也是支撑企业自主创新的软实力。企业综合管理能力的提升将会提高企业科技创新资源的运用效率，加快中央企业自主创新成果的实现和价值转化。采用管理费用占比这一指标对企业管理能力进行衡量，一方面可以使数据口径一致，具有可操作性；另一方面，将管理能力的评价量化，可避免主观指标的非客观性缺点。

（6）专利情况。

企业知识产权状况是企业自主创新产出能力的重要体现，使用企业获授权中国发明专利总数、企业获授权中国实用新型专利总数、企业获授权中国外观设计专利总数三个指标反映企业的专利情况[130]。在企业的产出指标中，这三项授权专利数占有重要地位，可以很好地衡量企业自主创新的产出能力。

（7）总资产周转率。

$$总资产周转率 = \frac{营业总收入（本期）\times 2}{资产总计（本期）+ 资产总计（上期）} \quad (4-6)$$

该指标用来反应企业整体资产的营运能力。资产的周转次数越多或周转天数越少，表明其周转速度越快，企业的营运能力越强。企业的营运能力可以直接作用于自主创新产出，营运能力的提升将有助于企业各项资源的有效使用，加快创新产出；而营运能力不强又会阻碍企业各项活动的开展，不利于创新活动的开展并使企业和创新成果减少。

4.2 中央企业自主创新能力评价和方法选择

综合分析各种评价方法的优势和劣势，本书将采用数据包络分析（DEA）和主成分分析（PCA）两种方法同时对中央企业自主创新能力进行评价；运用数据包络分析方法对我国中央企业及其子公司自主创新效率进行综合评价。同时，运用主成分分析方法对我国中央企业及其子公司的自主创新绩效进行综合评价；从自主创新效率及绩效等两个纬度去综合评价中央企业自主创新能力，更加全面地进行综合评价[131]。

4.2.1 企业创新能力评价的方法比较

企业用创新绩效这一指标来衡量企业创新能力的大小，因此企业要想考查创新能力就必须考虑创新绩效的测度[132]。测度企业创新绩效主要包括定量评价方法和定性定量相结合的综合分析法。

1. 定性和定量相结合的综合分析法

许多学者将定性和定量相结合，对企业创新能力进行综合评判。一方面吸取专家或同行的经验评价；另一方面运用科学计算的方法，对专家评价进行综合计算，科学分配权重，进而得出企业创新能力的综合得分，从而发挥定性与定量两种评判方法的优点。

层次分析法（Analytic Hierarchy Process，简称 AHP）是萨蒂于 20 世纪 70 年代初提出的。AHP 这一方法主要是针对目标众多、较为复杂的决策问题来说的。它将这些决策问题统统归纳为一个系统，用多个准则将这些复杂的目标分化成为多个指标，并将这些指标按照一定的规则分成若干个层次，然后采用模糊评价法来量化层次的权数作为决策的方法。

模糊综合评价方法的基础是模糊数学，它是把一些实际问题进的定性评价转变为可以有数学依据的定量评价的一种综合评价的方法，是多元统计分析的一个分支。利用对等级模糊子集的隶属函数计算隶属度。计算出的隶属度越大，表明各个单项指标的创新能力越高。模糊评价法在一定程度上是科学的、合理的，但是由于在评价过程中涉及一些人为的因素，因此评价结果精准度会不同程度地受到一定的影响。

采用灰色评估理论对企业技术创新能力进行评估，用不相同灰类程度的权向量把评价者的一系列分散的信息进行系统化处理；之后将这些分散的信息进行单值化处理，由此可得出综合评价值的具体数据；最后根据这些数据进要被进行评价的主体进行排序。灰色评估理论对于模糊综合评价方法来说是一种更加精准的评价方法，可避免丢失一些处理后的信息。

2. 定量评价方法

多元统计分析是研究者们应用较多的一种评价企业自主创新能力的方法。其中，主成分分析、因子分析和聚类分析方法使用较多。主成分分析的主要过程是，把要定量评价的所有变量都做线性变换，这样可以遴选出较少的几个重要变量。因子分析是指研究从变量群中提取共性因子的统计技术。聚类分析指将物理或抽象对象的集合分组成为由类似的对象组成的多个类的分析方法。

数据包络分析（data envelopment analysis 简称 DEA）是一种效率评价方法，它主要针对的是那些多投入多于产出的多个决策单元。DEA 可以用来评价相对有效性。有许多研究者都应用这一方法来衡量企业自主创新能力，DEA 综合考虑了技术创新活动的前期投入和后期产出，并克服了赋予权值而受到的主观性影响。

依据 DEA 评价结果，对于无效率组中的各决策单元，可以根据具体的效率值排序。而对于处在前沿面上的决策单元，由于其效率值均为 1，所以很难对其进行再排序。针对这一现象，Banker and Gifford（1988）首次提出在 DEA 模型的基础上构建超效率 DEA 模型测算所谓的超效率。这样效率值为 1 的企业效率也可以依据超效率 DEA 值而进行进一步排序。

随机前沿分析方法是通过测度全要素生产率而从侧面反映企业的创新效率，是一种参数方法，通过构建企业的生产函数来衡量要素的投入和产出。

4.2.2　数据包络分析评价方法的选择

数据包络分析（DEA）是一种相对效率的效率评价方法。与其他评价方法相比，DEA 善于处理多输入和多输出问题，是较为客观的决策方法。通过对 DEA 分析结果，可以得出各被评价个体的相对效率，从而寻找被评价个体与相对效率较高的个体间的差异，并能对非有效的个体提出改进的方案。DEA 在实际应用中具有许多优势，便于企业自主创新能力的评价。DEA 方法无需确定输入和输出指标之间的具体函数关系，并且不受计量单位影响。它不需要对输入输出数据进行标准化处理，只要保证各个被评价单元在同一指标上的数据使用相同的计量单位即可[133]。除此之外，DEA 方法是纯技术性的不需要指定各指标的权重，并且与市场价格无关。基于这些特点，DEA 方法在企业自主创新能力评价上具有很强的操作性和适应性，可对企业自主创新效率进行很好的评价。

1. DEA 方法的基本概念

DEA 方法的基本概念包含以下两点。

（1）决策单元。运用 DEA 方法的主要目的是能够评价组织或单位的相对成绩和效果。在 DEA 的方法中，被评价的单元被叫作决策单元

（DMU），因为在录进有限生产元素的情况下能够获得一定的输出。同时，决策单元也可以被阐述为任何一个 DMU 都能够表达出一定的经济意义。DMU 最主要的特点就是具有限定的录入和输出，同时可以最大限度地完成个人的决策目标。DEA 这一方法主要用于评价一堆决策单元间的相对效度。在这里，决策单元间的同质性显得格外重要。所谓同质性就是：①每个 DMU 需要实现的类似工具目标或者实现一致本质目标；②用来互相对比的各个 DMU 一般都存在于类似的决策环境下；③每个 DMU 之际中间拥有划一的评价指标。

（2）相对有效性。在评估所有的 DMU 时，评估的主要依据是决策单元的录入和最终效果的输出。根据录入的信息和得出的结果来评议决策单元的强弱，也就是常说的评价单元之间的彼此有效水平。根据以上论述可以得出，所有决策单元的成效性主要有两个角度：①首先，要以互相对比为条件，在这个前提下所有单元在一定程度来说是管用的；②其次，所有决策单元的有用性主要取决于录入的信息集和输出结果集合的比值。

2. 使用 DEA 方法的步骤及应注意的问题

DEA 方法的应用步骤包含以下两点。

（1）使用 DEA 方法的步骤。其主要的应用次序是：DEA 主要是按照一组录入和输出的样本值，估算出有用产出的可行域边界，再凭借各个 DMU 与可行域边界间的距离来度量效率。如果 DMU 正好在可行域的边界上，投放和产出比就会得出效率极大值，这个值就是1。此时，得出的结论是生产是有用的。倘若 DMU 没有出现在可行域的边界上，那可得出的结论是生产是无用的。此外，还可进一步得出，若 DMU 与可行域边界的距离愈遥，相对效率结果就会越低，离 0 越近。除此之外，DEA 还研究了效率不佳的 DMU 理应缩减投入量或者提高产出，并且提出了详尽的改进目标。

（2）使用 DEA 方法的步骤及应注意的问题。在应用 DEA 对效率进行度量和评价的时候，要重视下列三个维度：①准确采集数据和合理整理数据，尽可能地选取正规且有价值的数据。因为 DEA 的效率边界是通过极端点技术确定的，所采用的数据在测量误差时对模型的正确性有很大的干扰。②能够把 DEA 方式转化为 LP 方法，做进一步的解析，得出所有 DMU 的相对效率。倘若问题累积到一定量时，整个演绎过程将会更加复杂，很可能求不出解。③DEA 测算出的单一 DMU 的效率值，只能和运用在同一个被测评集合中的 DMU 的效率度量值进行对比。

3. DEA 方法的数学模型运用比较

DEA 方法的数学模型运用比较如下。

（1）DEA 的基本模型 C^2R 模型运用。在 DEA 这一方法中，其应用的 MP 模型主要说的是以单独的决策单元的极大效率当做标准，摸索最有利于本决策单元的投放要素的权重集合，以及产出效果集合，使效率到达最高点。整个过程中，全部决策单元效率一定要 <=1，建造流程如下。

假定具有 n 个 DMU_j（$1 \leqslant j \leqslant n$），对于各个 DMU_j 来说都有 m 个录入名目，s 个输出名目，DMU_j 的录入和输出向量各自为：

$$x_j = (x_{1j}, x_{2j}, \cdots, x_{mj})^T$$
$$y_j = (y_{1j}, y_{2j}, \cdots, y_{mj})^T$$
$$j = 1, 2, \cdots, n$$

对每个输入和输出给予一个合适的权重，也就是假设 x_j 的权重为 v_j，y_k 的权重为 u_k（$1 \leqslant i \leqslant m$，$1 \leqslant k \leqslant s$），因此输入和输出的权向量为：

$$v = (v_1, v_2, \cdots, v_m)^T$$
$$u = (u_1, u_2, \cdots, u_s)^T$$

在计算决策单元效率时，这个数值其实也可以说成是总体的录入和总体的输出的"综合比值"，由此对于决策单元 DMU_j 的效率来讲，第 j 个评价指数值为：

$$h_j = \frac{u^t y_j}{v^T x_j} = \frac{\sum_{k=1}^{s} u_k y_{kj}}{\sum_{i=1}^{m} v_i x_{ij}} \qquad j = 1, 2, \cdots n \qquad (4\text{-}7)$$

在（4-7）中，总能够适当地选择 u 和 v，满足 $h_j = 1$。准确地来讲，h_j 的值越大，可以表示 DMU$_j$ 通过录入进一步获得较多的输出越少。可以更深入地凭借使 u 和 v 最大限度变化时的 h_j 最大数值来查验 DMU$_j$ 是否最好，可通过构造下列 C^{2}R 模型可以表达出来：

$$\begin{cases} \underset{u,\ v}{Max} \ \dfrac{\sum_{k=1}^{s} u_k y_{kj}}{\sum_{i=1}^{m} v_i x_{ij}} = V_p \\[4ex] s.t. \ \dfrac{\sum_{k=1}^{s} u_k y_{kj}}{\sum_{i=1}^{m} v_i x_{ij}} \leqslant 1, \ j = 1, 2 \cdots n \\[4ex] \qquad u_k, \ v_i \geqslant 0 \\ i = 1, 2, \cdots m, \ k = 1, 2, \cdots s \\ j = 1, 2, \cdots n \end{cases} \qquad (4\text{-}8)$$

以上所表达的是分式规划内容，按照 Charnes-Cooper 的变动，变动分式设计为以下 LP 模型：

$$(P) \begin{cases} \max \mu^T y_o = V_p \\ s.t. \ \omega^T x_j - \mu^T y_j \geqslant 0, \ j = 1, 2, \cdots n \\ \omega^T x^o = 1 \\ \omega \geqslant 0, \ \mu \geqslant 0 \end{cases} \qquad (4\text{-}9)$$

决策单元 j 的有用性是凭借 LP 的最优解来界定的。

通过应用 LP 的对偶理论中的对偶规划，可以进一步深层次、直观地判定 DMU$_j$ 的有用性。这个 LP 的对偶规划模型如下：

$$(\text{D'})\begin{cases} min\theta \\ s.\,t.\ \displaystyle\sum_{j=1}^{n}\lambda_j x_j \leqslant \theta x_o \\ \displaystyle\sum_{j=1}^{n}\lambda_j x_j \geqslant y_o \\ \lambda_j \geqslant 0,\ j=1,\ 2,\ \cdots n \\ \theta\ 无约束 \end{cases} \quad (4\text{-}10)$$

要想进一步探讨并使使用方面更加方便和快捷，可以深入引进松弛变量 s^+ 和剩余变量 s^-。由此，对偶规划模型就能够转换成以下形式：

$$(\text{D})\begin{cases} min\theta \\ \text{S.\,T.}\ \displaystyle\sum_{j=1}^{n}\lambda_j x_j + s^+ = \theta x_o \\ \displaystyle\sum_{j=1}^{n}\lambda_j x_j - s^- = y_o \\ \lambda_j \geqslant 0,\ j=1,\ 2,\ \cdots n \\ \theta\ 无约束,\ s^+ \geqslant 0,\ s^- \geqslant 0 \end{cases} \quad (4\text{-}11)$$

假设测算出线性规划（D）θ^*、s^{*+} 和 s^{*-}，我们就可以用 C^2R 判断生产行为是否能使技术和规模同时达到有效。论断如下：

①要达到 DMU_j 在 DEA 中有效，就必须使 $\theta^* = 1$，且 $s^{*+} = 0$，$s^{*-} = 0$[134]。此时 DMU_j 的生产行为在技术和规模上一起达到了有效。在这中间，s^{*+} 表明的是产出的"亏量"。换句话说，想要达到有效就必须增加的产出量。s^{*-} 表明的是投放的"超量"，同样指的是要想达到有效就必须要缩减的投放量，在此并不具有"超量"投放及"亏量"输出。

②$\theta^* = 1$，且 $s^{*+} \neq 0$，$s^{*-} \neq 0$。此时 DMU_j 为弱 DEA 有效。决策单元 DMU_j 存在技术无效或规模无效1。这个时候的决策单元 DMU_j 在 DEA 方法中并非有效，而且生产行为的技术与规模均无效。

（2）DEA 基本模型 C^2R 的改进模型 BCC 的运用。做 DEA 的基本模型时充分考虑到了 DMU 或许会存在规模报酬递增（递减）的情况，因此自

身的投放产出比例不恰当和自身的规模要素，都可以导致 DMU 的无效率[135]。如果决策者在决议规模调控时能够明确每个 DMU 的规模报酬状态，将更有利于决策者做出正确的决定并做到有效经营。C^2R 模型建立的条件是假设规模报酬是不变的，这样对它的增加权重 $\sum_{j=1}^{n}\lambda_j = 1$ 的凸性约束，就成为 BCC 形式。在 BCC 模型中，同时测量和评价了决策单元是否达到有效的生产规模。这表明可以同步测量纯技术效率（Pure Technical Efficiency，PTE）和规模效率值（Scale Efficiency，SE）。

C^2R 模型并没有考虑到 DMU 的结构差别，因此得到的相对效率实质也就是综合效率（Overall Efficiency，OE）。在 BCC 模型中，它舍弃了 DMU 自身规模对技术效率的作用。与综合效率相比较，它们之间的区别就是把每个 DMU 都调节到一样的生产规模之后的规模效率（SE），所以相对效率其实就是纯技术效率（PTE）。纯技术效率与规模效率相乘得到的结果就是单个的 DMU 的综合效率。按照 BCC 模型计算出来的 σ 的最优解设为 σ^*，由此可知 σ^* 就是 DMU_j 的 PTE，而 DMU_j 的 $SE = \theta^*/\sigma^*$。

$$\min\sigma$$

$$s.t. \sum_{j=1}^{n}\lambda_j x_j + s^+ = \sigma x_o$$

$$\sum_{j=1}^{n}\lambda_j x_j + s^- = y_o$$

$$\sum_{j=1}^{n}\lambda_j = 1, \quad j = 1, 2, \cdots n$$

$$\lambda_j \geqslant 0, \quad s^+ \geqslant 0, \quad s^- \geqslant 0 \qquad (4-12)$$

假如 DMU 的动作前提是在最有生产力的规模下完成的，同时实现了规模效率，那么它的 OE 与 PTE 相等。即 DMU 的运行未能实现最适规模，或规模报酬递增（递减）。这两种情况解释了为什么 OE 值与 PTE 值不同。如图 4-1，假定 B、C、D、E 这几个点都只投放 X 去生产，结果产出 Y、A、B、C、D 这几个点在变动规模的效率边界上，将 OI 这条线作为固定规模的效率界限，E 点作为将要评价的决策单位。从投放的角度来看，为了得到相同的 OF，E 点的位置需要达到 FE 的投入，B 点的位置需要实现 FB 的投入，那么：

$$PTE = FB/FE = \frac{OF/FE}{OF/FB}$$

$$SE = FN/FB = \frac{OF/FB}{OF/FN}$$

$$OE = FN/FE = \frac{OF/FE}{OF/FN} = FB/FE \times FN/FB$$

由图 4-1 可以看到，是什么导致了 E 点的无效。这个原因可以被划分为纯技术无效和规模无效两个方面。我们还可以从图中得到 B 点是处在规模报酬递增这一进程中，而 C 点就在固定报酬时刻，同时 D 点是处在规模报酬递减的时段。

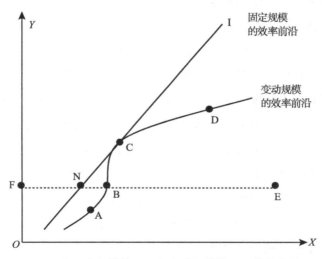

图 4-1 在固定规模情况下和变动规模情况下的效率前沿

（3）非有效 DMU 的投影运算。在投影方法下，能够通过计算得出非 DEA 有效或弱 DEA 有效 DMU 的原因，以及每个投放、输出因素可以改进的方面和深度。从决策者的角度来看，这些具有数据分析的信息结果是更有意义的。

假定 DMU$_j$ 它的产出要素向量是 Y_0，投放要素向量是 X_0，按照 DMU$_j$ 计算（D）模型后所得到的最优解是 λ_0，s_0^+，s_0^-，θ_0，令：

$$X_0 = \theta_0 x_0 - s_0^-$$
$$Y_0 = y_0 + s_0^+$$

根据投影计算所获得的向量（X_0，Y_0），组成的新规划中，在非 DEA 有效或是弱 DEA 有效 DMU$_j$ 的，与此规划是 *DEA* 有效。同理可知，DMU$_j$ 在相对有效可行域界限边上的投影就是应该改进的目标。

（4）模型选取。伴随着 DEA 方法的不断改善，与此同时也缔造出了多个具体的模型。在这些模型中，C^{2}R 模型的改进模型就是 BCC。在 C^{2}R 模型中，假设决策单位是固定规模报酬的，那么只能够估计出综合技术效率，BCC 模型就突破 C^{2}R 模型的这个假设。在 BCC 模型中，在做效率解析时，把决策单位规模因素也考虑进来，这样就能够估测出技术效率中的纯技术效率和规模效率这两个角度。

在这些主流效率评估模型里，我们可以明显看出，DEA 方法这一方法尤其适合运用在评估我们国家的中央企业的自主创新效率。在自主创新体系里面，拥有众多的投入变量和产出变量，而且在这些投入变量和产出变量中的函数关系未能明显地表现出来。因此要想从 R&D 投入和其产出之间寻找并得到较为明晰的函数关系，是很难的。从这一方面讲，本书在评估自主创新效率时所遴选 DEA 方法的 BCC 模型，能够使自主创新效率得到更加精准和全方位的评议。其中，包含综合技术效率、纯技术效率和规模效率。在此基础上充分运用投影解析，可保证无效单位投入指标以及产出指标的增加或者减少的数目。

4.2.3　主成分分析评价方法选择

主成分分析方法是研究者们使用多元统计方法进行企业创新能力评价常用的方法之一。在本书中所提到的主成分分析法主要是指，利用线性变换的方法众多的变量进行变换，进而遴选出为数不多的紧要变量以反映原来变量的信息的统计方法，这是一种降维的方法。使用这种方法对企业自主创新能力进行评价与 DEA 方法类似，指标权重的确定不受主观因素影响，主要是基于数据分析而得。此外，通过主成分分析，指标间的信息交叉少，可比性较强。依据这一方法的特点，使用主成分分析对中央企业的创新绩效进行测量和评价，与创新效率评价进行比较，从而可对中央企业自主创新能力状况进行多角度、多方面地分析。

主成分分析法的基本原理如下。前提假定为：数据样本的数量为 n，各个样本变量的数目都是 p；x_{ij}（$i=1$，2，$\cdots$，n；$j=1$，2，$\cdots$，p）表示第 i 个样本的第 p 个变量的值；x_i（$j=1$，2，$\cdots$，p）说明的是第 j 个变量。与此同时，为了方便此方法的研讨，我们假定 x_i 的平均值是 0，方差为 1，这样就可以得出一个与样本初始变量数值相关的矩阵 X。

$$X = \begin{bmatrix} x_{11} & x_{12} & \cdots & x_{1p} \\ x_{21} & x_{22} & \cdots & x_{2p} \\ \cdots & \cdots & \cdots & \cdots \\ x_{n1} & x_{n2} & \cdots & x_{np} \end{bmatrix}$$

在运用主成分分析法中，要把 p 个初始变量转换成新的综合变量（即新变量指标）。我们在此假定 y，y_2，$\cdots$，y_m（$m \leqslant p$）代表的是主要成分，也就是新变量。新变量其实质就是初始标量的线性组合，并且它们之间无相关性，即：

$$\begin{cases} y_1 = v_{11}x_1 + v_{12}x_2 + \cdots + v_{1p}x_p \\ y_2 = v_{11}x_1 + v_{22}x_2 + \cdots + v_{2p}x_p \\ y_m = v_{m1}x_1 + v_{m2}x_2 + \cdots + v_{mp}x_p \end{cases} \quad (4-13)$$

用矩阵表示是 $Y = VX$

其中，

$$Y = \begin{bmatrix} y_1 \\ y_2 \\ \cdots \\ y_m \end{bmatrix}, \quad V = \begin{bmatrix} v_{11} & v_{12} & \cdots & v_{1p} \\ v_{21} & v_{22} & \cdots & v_{2p} \\ \cdots & \cdots & \cdots & \cdots \\ v_{m1} & v_{m2} & \cdots & v_{mp} \end{bmatrix}, \quad X = \begin{bmatrix} x_1 \\ x_2 \\ \cdots \\ x_p \end{bmatrix}, \quad (4-14)$$

并且满足以下条件：

①y_i 与 y_j（$i \neq j$；i，$j = 1$，2，$\cdots$，m）之间不相关。

②矩阵 V 的每一行都是单位行向量，即 $v_{i1}^2 + v_{i2}^2 + \cdots + v_{ip}^2 = 1$，（$i = 1$，$2$，$\cdots$，$m$）。

③y_1 所表示的含义是 x_1，x_2，$\cdots$，x_p 全部线性组合中方差最大的一个；y_2 所表示的含义是与 y_1 不具有相关性的 x_1，x_2，$\cdots$，x_p 所有线性组合中方差最大的一个；y_t（$t \leq m$）所表示的含义就是与 y_1，y_2，$\cdots$，y_{t-1} 都不具有相关性的 x_1，x_2，$\cdots$，x_p 所有线性组合中方差最大的一个。

④y_1，y_2，$\cdots$，y_m 同 x_1，x_2，$\cdots$，x_p 方差的和是一样的。y_1，y_2，$\cdots$，y_m 就是 x_1，x_2，$\cdots$，x_p 的第 1，2，$\cdots$，m 主成分。由以上定义及解释可以知道，主成分分析法就是求主成分 y_1，y_2，$\cdots$，y_m 的系数 $v =$（$i = 1$，2，$\cdots$，m；$j = 1$，2，$\cdots$，p）。通过数学证明可以得出，v_{ij} 是矩阵 x_1，x_2，$\cdots$，x_p 从第一个开始到第 m 个比较大的特征值中所对照的特征向量，由这些向量所构成的矩阵中的数量值，y_1，y_2，$\cdots$，y_m 是相应的特征根 λ_i。在此过程中，所得变量的数量在通常情况下都是比较大的。如果前面的几个主要成分 y_1，y_2，$\cdots$，y_m 的方差的总和在全部总的方差中占有了很大一个位置（在此计算中我们通常是以 85% 为界限区分的），那么此时我们就可以使用这些新的变量 y_1，y_2，$\cdots$，y_m 来代替原变量 x_1，x_2，$\cdots$，x_p，这样仍能保存原变量的大部分信息。

4.3　样本选择及基础数据来源

4.3.1　评价样本选择

本书中的中央企业子公司指 2012 年中央企业在 A 股上市子公司，经过对沪深 A 股上市公司及各中央企业网站披露的上市子公司信息的筛选和整理，共计 272 家。这些上市子公司的实际控制人皆为中央企业或者国务院国有资产监督管理委员会。它们拥有中央企业集团大部分核心资产，公司创新战略和管理与企业集团整体战略相一致。这些上市公司除接受国资委监管外，还受证监会、股民和媒体等多方监管，经营规范，披露数据可信且具有可比性。鉴于中央企业 A 股上市子公司具有与中央企业集团一致的经营战略，且经营规范性和数据具有可得性及可操作性，本书使用这些企业作为中央企业集团的代表。

4.3.2　基础数据来源

在收集中央企业子公司自主创新能力测量指标的基础数据时，我们根据各创新指标的定义，收集各指标分项数据，然后通过分项数据计算求得该指标的最终结果数据。三项专利数据来源于中国知识产权网（http：// www.cnipr.com/）。除专利数据外，其余数据来自各上市子公司披露的年报。在本次中央企业子公司自主创新能力评价研究中，所有公司的评价指标数据以 2012 年为测量的主年度。

我们对基础数据进行了多次细致的收集，最终仍然无法获取部分中央企业子公司自主创新能力测量指标全部指标数据。在进行中央企业子公司自主创新能力核心指标评价和综合评价时，这些具有缺失值的企业不包括在被评价企业总体中，以保证评价的公平性和准确性。具体数据缺失和核心指标评价排名及评价企业总数情况如表 4-2 所示。

表 4-2　中央企业子公司自主创新能力评价各指标数据缺失情况

自主创新能力测量指标	缺失企业数	缺失比例（共 272 家企业）	单项指标排名被评价企业总数
研究及开发经费占比	34	12.50%	238
技术开发人员占比	19	6.99%	253
本科及以上员工占比	11	4.04%	261
销售费用占比	11	4.04%	261
管理费用占比	11	4.04%	261
企业获中国发明专利总数	0	0	272
企业获中国实用新型专利总数	0	0	272
企业获中国外观设计专利总数	0	0	272
总资产周转率	0	0	272

4.4　中央企业上市子公司自主创新能力综合评价

4.4.1　中央企业子公司自主创新能力评价企业选择

依照中央企业自主创新能力评价体系，从各中央企业集团网站整理得出的 272 家中央企业 A 股上市公司总名单，先后去除缺少研究及开发经费占比指标数据的企业或研究及开发经费为零的企业，缺少技术开发人员占比指标数据的企业，以及无销售费用占比及管理费用占比指标数据的企业，参与中央企业子公司自主创新能力综合评价的企业共计205 家。

4.4.2　中央企业子公司自主创新技术效率评价

1. 决策单元的选择与数据的处理

决策单元的选择与数据处理步骤如下。

（1）决策单元的选择。由于我国中央企业高收益、高带动性等特点，为了便于对各个地区的发展情况及自主创新效率比较和分析，将我国中央企业及其子公司作为同类型的决策单元。例如，可表示为：DMU1＝武钢股份，DMU2＝东风汽车，DMU3＝华能国际，DMU4＝宝钢股份，DMU5＝中国石化，……，DMU204＝启源装备，DMU205＝易华录。此选择满足决策单元应是指标数的二倍以上的条件。

（2）数据的收集及处理。由于 DEA 采用的为非随机方法，测量误差的干扰值会影响模式的正确性，因此在使用 DEA 方法分析时，要特别注意正确收集和科学整理数据，应尽量采用正式资料。本书采用的数据来自中央企业集团网站所公开的数据，以及中央企业上市子公司的企业年报等官方发布的权威数据。

根据 DEA 方法的正向性法则，即增加某个投入指标的数量时，产出数量不能反而减少。首先，采用 SPSS15.0 将各投入、产出要素资料进行相关分析，以保证各投入与产出要素间具有显著的正相关性。相关系数衡量两变量之间相互关系的密切程度，其值范围在 $-1+1$ 之间。若相关系数大于 0，则两变量之间为正相关关系；若相关系数小于 0，则两变量之间为负相关关系；若相关系数等于 0，则两变量之间不相关。如果相关系数的绝对值越大，两变量之间的相关程度就越高。通过表 4-3 所示的相关系数分析可知，各投入产出项为正相关关系，符合研究要求条件。

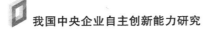

表 4-3　各指标数据相关性分析

	拥有专利数	总资产周转率	研究及开发经费占比	技术开发人员占比	销售费用占比	管理费用占比	本科及以上员工占比
拥有专利数	1	0.672	0.917	0.894	0.729	0.776	0.826
总资产周转率	0.672	1	0.882	0.806	0.621	0.632	0.812
研究及开发经费占比	0.917	0.832	1	0.968	0.683	0.652	0.930
技术开发人员占比	0.894	0.806	0.968	1	0.672	0.688	0.988
销售费用占比	0.729	0.621	0.683	0.672	1	0.972	0.610
管理费用占比	0.776	0.632	0.652	0.688	0.972	1	0.658
本科及以上员工占比	0.826	0.812	0.930	0.988	0.610	0.658	1

注：表中数据为 Pearson 相关指数

2. 效率评价与结果分析

以投入为导向按规模报酬可变对各中央企业子公司数据进行 DEA 运算，得出各企业相对于技术前沿面的效率值。对各企业技术效率、纯技术效率、规模效率和规模报酬进行分析，如表 4-4 所示。

表 4-4　中央企业子公司技术效率前 50 名

编号	公司简称	技术效率	纯技术效率	规模效率	规模报酬
1	武钢股份	0.463	0.499	0.928	irs
2	东风汽车	1	1	1	–
3	华能国际	1	1	1	–
4	宝钢股份	0.619	0.63	0.982	irs
5	中国石化	1	1	1	–
6	哈飞股份	0.252	0.341	0.739	irs

续表

编号	公司简称	技术效率	纯技术效率	规模效率	规模报酬
7	华润万东	0.198	0.324	0.612	irs
8	中国医药	0.496	0.572	0.868	irs
9	中纺投资	1	1	1	—
10	华润双鹤	0.496	0.793	0.625	irs
11	葛洲坝	0.536	0.581	0.924	irs
12	中船股份	0.195	0.448	0.434	irs
13	林海股份	0.199	0.505	0.394	irs
14	东方航空	1	1	1	—
15	中国卫星	0.202	0.205	0.987	irs
16	乐凯胶片	0.304	0.406	0.75	irs
17	长春一东	0.242	0.457	0.531	irs
18	中国船舶	0.149	0.275	0.54	irs
19	航天机电	0.064	0.331	0.194	irs
20	天坛生物	0.118	0.35	0.336	irs
21	上海贝岭	0.102	0.235	0.436	irs
22	中国玻纤	1	1	1	—
23	东安动力	0.127	0.372	0.341	irs
24	光电股份	0.276	0.34	0.813	irs
25	中牧股份	0.337	0.445	0.758	irs
26	大唐电信	0.281	0.298	0.943	irs
27	沧州大化	0.618	0.746	0.828	irs
28	天方药业	0.508	0.965	0.526	irs
29	北方股份	0.296	0.44	0.672	irs
30	国电南自	0.198	0.295	0.67	irs
31	外运发展	0.409	1	0.409	irs
32	航天信息	0.677	0.718	0.943	drs

编号	公司简称	技术效率	纯技术效率	规模效率	规模报酬
33	九龙电力	0.379	0.389	0.975	drs
34	蓝星新材	0.274	0.728	0.376	irs
35	平高电气	0.211	0.451	0.469	irs
36	中农资源	0.545	0.577	0.944	drs
37	洪都航空	0.127	0.317	0.401	irs
38	振华重工	0.186	0.294	0.632	irs
39	航天动力	1	1	1	-
40	中航电子	0.203	0.299	0.678	irs
41	天科股份	0.186	0.286	0.65	irs
42	宝光股份	0.389	0.54	0.719	irs
43	金瑞科技	0.307	0.582	0.528	irs
44	成发科技	0.186	0.371	0.501	irs
45	国电南瑞	0.293	0.31	0.947	irs
46	现代制药	0.762	1	0.762	irs
47	冠豪高新	0.172	0.602	0.285	irs
48	北方导航	0.1	0.329	0.303	irs
49	国通管业	0.254	0.555	0.457	irs
50	时代新材	0.346	0.357	0.967	irs

注：irs、-、drs，分别表示规模收益递增、不变和递减。

1. 技术效率分析

205 家参评中央企业子公司的技术效率平均值为 0.45。其中，共有 32 家企业的技术效率值为 1。这些企业处于技术效率前沿面上，是所有被评价中央企业子公司中创新能力最强的企业，占被评价企业总数的 15.61%。对各个技术效率值区间内企业数进行统计，结果如图 4-2 所示。在 84.39% 非有效的企业中，技术效率值在 0.1~0.5 之间的企业占大多数，中央企业子公司技术效率还处于比较低的水平上。

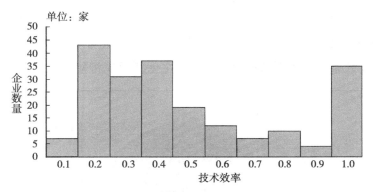

图 4-2　中央企业子公司技术效率分布

2. 纯技术效率分析

在不考虑规模效益的情况下，共有 42 家中央企业子公司处于纯技术效率前沿面上，占被评价企业总数的 20.49%。205 家中央企业子公司的纯技术效率平均值为 0.58，与考虑规模效益的情况相比，处在前沿面上的企业数增加了 10 家。对纯技术效率区间内企业数进行统计，结果如图 4-3 所示。纯技术效率值处在 0.2~0.5 间的企业数较多，大约占非纯技术效率有效企业的一半，央企子公司纯技术效率水平有待提高。

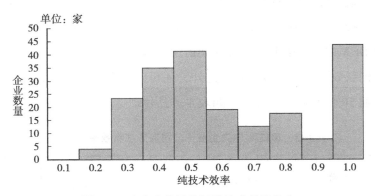

图 4-3　中央企业子公司纯技术效率分布

3. 规模报酬阶段分析

对各企业规模报酬阶段情况进行汇总，结果如图 4-4 所示。结果显示，绝大部分中央企业子公司都处于规模报酬递增阶段，占被评价企业总数的76%，处于规模报酬递减阶段的企业只占总企业数的7%。因此，中央企业有效整合自主创新资源，扩大自主创新规模将使自主创新综合效率得以提高。

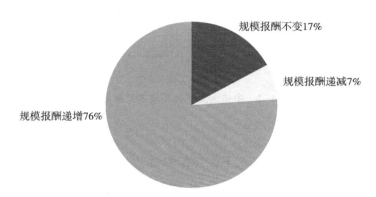

图4-4 中央企业子公司规模报酬阶段分布

4.4.3 中央企业子公司自主创新效率评价

在普通DEA方法评价中，多个企业综合效率值为1，对这些企业的效率无法进行区分。为进一步分析这些综合效率值为1的企业的效率差异，在普通DEA方法基础上，本书继续运用超效率DEA模型对中央企业子公司自主创新效率做进一步运算。此外，还可对各企业自主创新效率值进行排名，前50位企业及其效率值如表4-5所示。

表4-5 2012年中央企业子公司自主创新效率前50名

排名	公司简称	所属中央企业	超效率DEA效率值	普通DEA技术效率值
1	航天动力	中国航天科技集团公司	big	1
2	海油工程	中国海洋石油总公司	3110.64%	1
3	长江电力	中国长江三峡集团公司	1333.84%	1

排名	公司简称	所属中央企业	超效率 DEA 效率值	普通 DEA 技术效率值
4	高淳陶瓷	中国电子科技集团公司	890.99%	1
5	钢研高纳	中国钢研科技集团公司	650.00%	1
6	华能国际	中国华能集团公司	441.31%	1
7	长源电力	中国国电集团公司	314.93%	1
8	东方航空	中国东方航空集团公司	305.65%	1
9	内蒙华电	中国华能集团公司	248.77%	1
10	中金黄金	中国黄金集团公司	239.29%	1
11	中储股份	中国诚通控股集团有限公司	216.33%	1
12	中国神华	神华集团有限责任公司	209.49%	1
13	国药股份	中国医药集团有限公司	207.39%	1
14	中国石油	中国石油集团	193.77%	1
15	华贸物流	中国港中旅集团公司	190.33%	1
16	八一钢铁	宝钢集团有限公司	189.16%	1
17	东风汽车	东风汽车公司	175.55%	1
18	中国玻纤	中国建筑材料集团有限公司	160.75%	1
19	焦作万方	中国铝业公司	157.74%	1
20	中化国际	中国中化集团公司	151.15%	1
21	中海油服	中国海洋石油总公司	150.00%	1
22	中国石化	中国石化集团公司	146.93%	1
23	际华集团	新兴际华集团有限公司	146.45%	1
24	深康佳 A	华侨城集团公司	144.10%	1
25	长安汽车	中国南方工业集团公司	129.83%	1
26	中纺投资	国家开发投资公司	126.24%	1
27	*ST 关铝	中国五矿集团公司	120.97%	1
28	S 上石化	中国石油化工集团公司	114.96%	1

续表

排名	公司简称	所属中央企业	超效率DEA效率值	普通DEA技术效率值
29	株冶集团	中国五矿集团公司	109.91%	1
30	国电电力	中国国电集团公司	109.60%	1
31	岳阳兴长	中国石油化工集团公司	106.78%	1
32	国药一致	中国医药集团总公司	102.90%	1
33	华电能源	中国华电集团公司	99.08%	0.991
34	*ST锌业	中国冶金科工集团有限公司	92.30%	0.923
35	中国国航	中国航空集团公司	90.42%	0.904
36	新兴铸管	新兴际华集团有限公司	86.51%	0.865
37	云南铜业	中国铝业公司	83.17%	0.832
38	风帆股份	中国船舶重工集团公司	82.00%	0.82
39	长城开发	中国电子信息产业集团有限公司	81.12%	0.811
40	北化股份	中国兵器工业集团公司	79.60%	0.796
41	华润锦华	华润（集团）有限公司	78.67%	0.787
42	长城电脑	中国电子信息产业集团有限公司	76.31%	0.763
43	现代制药	中国医药集团总公司	76.19%	0.762
44	一汽富维	中国第一汽车集团公司	75.44%	0.754
45	*ST韶钢	宝钢集团	72.55%	0.725
46	风神股份	中国化工集团公司	72.53%	0.725
47	沈阳化工	中国化工集团公司	72.47%	0.725
48	华东科技	中国电子信息产业集团有限公司	71.94%	0.719
49	辽通化工	中国兵器工业集团公司	70.92%	0.709
50	中铁二局	中国铁路工程总公司	69.10%	0.691

对于普通 DEA 计算结果显示为非技术有效的企业，其超效率 DEA 效率值与普通 DEA 计算所得技术效率值相等。对于普通 DEA 计算所得技术

效率值为 1 的企业，使用超效率 DEA 方法可进一步分析这些企业间效率值的差异。从表 4-5 分析结果可以看出，航天动力的超效率 DEA 效率值为 big，意味着无论增加多少投入，都是技术有效，是自主创新能力最强的企业，排名第一。

前 50 名企业的所属行业特征与去年相同，自主创新能力具有优势的企业多集中于电力、石油石化、钢铁和汽车制造业等行业。一方面，这些行业技术密集，自主创新需求和潜力较大；另一方面，也说明这些行业的企业自主创新资源利用效率较高。在达到相同创新产出的情况下，可以使用较少的创新投入，自主创新能力较强。

4.4.4　中央企业子公司自主创新绩效评价

使用 DEA 方法对中央企业各上市公司及子公司的自主创新能力进行评价，可以很好地分析各企业对创新资源的利用效率，从而评价各企业自主创新效率。主成分分析方法通过提取能够反映各评价指标大部分信息的替代变量，有利于对各企业创新投入和产出强度进行评价，从而对各企业创新绩效进行考核。因此，本书利用主成分分析法计算 205 个企业在所有评价指标上的因子得分，通过因子综合得分来评价中央企业的创新强度。

1. 主成分提取结果

总方差解释表（省略）结果显示，需要提取 4 个因子才能使累计解释率达到 74%。通过旋转成分矩阵的分析结果（如表 4-6 所示）可以看出，每个因子只有少数几个载荷较大的指标，这些载荷较大的指标可以反映各因子的含义。在第一个因子上载荷较大的指标为技术开发人员占比、本科及以上员工占比。这些指标反映了企业自主创新核心人员的投入情况。企业获授权中国发明专利总数、企业获授权中国实用新型专利总数，这两个指标在第二个因子的载荷较大，为企业专利申请的主要类型，代表企业自主创新主要产出情况。第三个因子上载荷较大的指标为销售费用占比、管理费用占比和企业获授权中国外观设计专利总数，以企业财务指标为主。

这些指标能够在一定程度上反映企业创新活动运行和管理效率，是企业自主创新的有利支撑。总资产周转率和企业研究及开发经费占比两个指标在第四个因子的载荷较大，这一因子突出地反映了企业对创新的经费投入以及企业资金利用效率，是企业创新资金投入的代表。

表4-6 旋转成分矩阵

	成分			
	1	2	3	4
企业获授权中国发明专利总数	0.058	0.971	0.071	0.029
企业获授权中国实用新型专利总数	−0.018	0.972	0.006	0.075
企业获授权中国外观设计专利总数	−0.002	0.229	0.572	−0.429
总资产周转率	−0.015	0.109	0.180	0.826
研究及开发经费占比	0.483	−0.057	−0.026	−0.522
技术开发人员占比	0.900	0.009	−0.085	0.010
本科及以上员工占比	0.909	0.050	0.048	−0.087
销售费用占比	0.117	−0.023	0.829	0.264
管理费用占比	0.449	0.020	−0.610	−0.142

提取方法：主成分分析法。旋转法：具有 Kaiser 标准化的正交旋转法。

2. 央企子公司自主创新绩效排名

通过对提取出的主成分进行加权计算，可以得出各中央企业上市公司的自主创新绩效综合得分。综合得分排名情况反映了各中央企业子公司对自主创新资源的投入和自主创新产出的强度。排名前50位企业如表4-7所示。

国民技术、国电南瑞、中国石化、宝信软件和太极股份分列自主创新绩效前5位。与其他企业相比，这些企业对自主创新投入强度和自主创新产出的强度最高，创新意识最强。从中央企业子公司自主创新绩效评价排名的行业特征看，前50名的企业多处于电子技术、石油石化、航天、通信和汽车制造行业。这些创新绩效较高的企业的自主创新效率并非很高，表明其在注重创新的同时，仍须加强对创新资源的利用和创新管理，自主创新效率有待提高。石油石化行业和汽车行业的企业无论是企业创新绩效，还是创新效率，排名都较靠前。这说明这些行业的企业在所有被评价的企业中创新效率较高，创新意识较强，创新能力较突出。

表 4-7 2012 年中央企业子公司自主创新绩效前 50 名

排名	公司简称	所属央企	综合得分
1	国民技术	中国电子信息产业集团有限公司	1.77
2	国电南瑞	国家电网公司	1.65
3	中国石化	中国石化集团公司	1.6
4	宝信软件	宝钢集团有限公司	1.49
5	太极股份	中国电子科技集团公司	1.42
6	中海科技	中国海运（集团）总公司	1.37
7	烽火通信	武汉邮电科学研究院	1.33
8	启明信息	中国第一汽车集团公司	1.32
9	中国石油	中国石油集团	1.31
10	四维图新	中国航天科技集团公司	1.25
11	卫士通	中国电子科技集团公司	1.23
12	长安汽车	中国南方工业集团公司	1.2
13	北方国际	中国兵器工业集团公司	1.13
14	金自天正	中国钢研科技集团公司	1.08
15	蓝科高新	中国机械工业集团有限公司	1.07
16	中国卫星	中国航天科技集团公司	1.06
17	华东电脑	中国电子科技集团公司	0.99
18	中国软件	中国电子信息产业集团有限公司	0.9
19	东方通信	中国普天信息产业集团公司	0.89
20	新兴铸管	新兴际华集团有限公司	0.79
21	许继电气	国家电网公司	0.76

续表

排名	公司简称	所属央企	综合得分
22	海康威视	中国电子科技集团公司	0.76
23	航天信息	中国航天科工集团公司	0.74
24	易华录	中国华录集团有限公司	0.74
25	龙源技术	中国国电集团公司	0.72
26	上海贝岭	中国电子信息产业集团有限公司	0.69
27	大唐电信	电信科学技术研究院	0.69
28	中国汽研	中国通用技术（集团）控股有限责任公司	0.69
29	国电南自	中国华电集团公司	0.68
30	宝钢股份	宝钢集团有限公司	0.65
31	航天长峰	中国航天科工集团公司	0.63
32	高鸿股份	电信科学技术研究院	0.6
33	杰赛科技	中国电子科技集团公司	0.59
34	中农资源	中国农业发展集团有限公司	0.55
35	广宇发展	国家电网公司	0.52
36	中国建筑	中国建筑工程总公司	0.5
37	时代新材	中国南车集团公司	0.46
38	四创电子	中国电子科技集团公司	0.44
39	天科股份	中国化工集团公司	0.42
40	钢研高纳	中国钢研科技集团公司	0.41
41	东风汽车	东风汽车公司	0.39
42	长城信息	中国电子信息产业集团有限公司	0.39
43	中国交建	中交集团	0.37
44	振华重工	中国交通建设集团有限公司	0.36
45	航天电子	中国航天科技集团公司	0.36
46	鞍钢股份	鞍钢集团公司	0.35
47	九龙电力	中国电力投资集团公司	0.34

续表

排名	公司简称	所属央企	综合得分
48	海油工程	中国海洋石油总公司	0.34
49	中材国际	中国中材集团有限公司	0.32
50	中国船舶	中国船舶工业集团公司	0.29

4.4.5　中央企业子公司自主创新效率与绩效综合分析

　　针对企业自主创新的不同侧面，我们对各企业的自主创新效率和自主创新绩效进行了评价。综合分析各企业自主创新效率和绩效，可更加全面地反映中央企业子公司自主创新综合情况。基于此，超效率 DEA 方法计算得出的自主创新效率为横坐标，自主创新绩效为纵坐标。对各中央企业子公司自主创新情况进行二维分析，结果如图 4-5 所示。

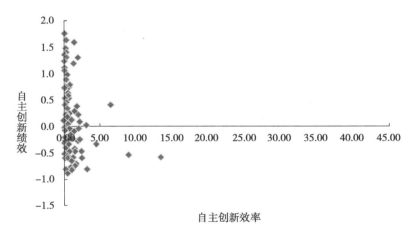

图 4-5　中央企业子公司自主创新情况二维分析

　　从图 4-5 可知，在 205 家中央企业上市公司中，绝大多数企业自主创新效率和绩效都不高，处于自主创新效率和绩效较低的水平，自主创新能力较差。自主创新效率较高的企业，其自主创新绩效水平并不高。自主创新绩效水平高的企业，其自主创新效率不一定呈现较高的水平。多数企业不能同时兼顾自主创新绩效与效率的协调发展。只有少数几家企业自主创新绩效水平较高，且其同时处在在技术前沿面上，自主创新效率也较高。

与2011年相比，2012年中央企业子公司的创新绩效有所提高。有相当一部分企业创新绩效处于较高的水平，其所占比率较去年有所提升，创新绩效仍然处于较低的水平。由此可见，中央企业在提高自主创新投入等自主创新绩效的同时，应同时兼顾自主创新效率的提升，合理利用资源，加强和完善管理，全方位提高中央企业自主创新能力。

第5章 我国中央企业自主创新能力体系构建

在提升中央企业自主创新能力的过程中，中央企业自主创新体系建设是关键。为此，社会经济各部门需要通力合作，为构建和完善中央企业自主创新体系提供有利条件。创新体系是特定组织中有助于创新发生、实现、扩散的制度安排和机制的有机组合。换言之，创新体系是指在特定范围内，与创新相关的推动知识或技术产生、采用与扩散的主体和机制所构成的网络体系。

5.1 中央企业自主创新体系的含义及特征

5.1.1 中央企业自主创新体系的内涵

中央企业的构成要素相对复杂，是多方面、多环节共同构成的综合体。因此，中央企业自主创新体系的构建也必须涉及多个方面，如市场调研、预测、决策、研究和开发等过程。创新体系的构建不是构建单个方面，而是需要一整套的创新活动或者环节。在构建创新体系过程中，绝对不能忽视任何一个环节，否则将会影响整体自主创新体系的构建。不仅仅各个环节能够影响中央企业自主创新体系的构建，在中央企业经营过程中的管理、运行及组织变化等，都能影响中央企业的自主创新效果。从系统角度看，作为一个完整的创新系统构建过程，中央企业自主创新体系构建

过程中必须涉及方方面面，立体全方位式的构建才有可能成功。本书根据
以前学者们对中央企业自主创新体系的定义，将中央企业自主创新体系的
内涵概括为中央企业内外各行为主体相互作用、相互影响从而紧密联系在
一起的网状结构体系。

5.1.2 中央企业自主创新体系的特征

不同的企业由于企业本身特性及与外界关联关系等方面原因，往往具
有不同的企业特征，也会有不同的企业创新体系结构及构建方式。本书通
过研究发现，不同行业类型的中央企业具有不同的企业创新体系结构和构
建方式。通过对这些不同类型中央企业所构建的创新体系的剖析发现，中
央企业自主创新体系具有一些共同的特征。

（1）系统性。中央企业自主创新体系的构建复杂多样，并非仅仅依靠
技术创新就能完成，而是需要从管理、运行、组织及外部环境等方面共同
创新。企业创新活动的完成更不应该仅仅发生在技术领域，而是由经济、
社会及科技领域共同协作完成。从一般企业来看，虽然自主创新活动往往
率先起源于技术或者科技领域，但是创新体系构建的过程却离不开经济支
持和社会认可。

（2）目的性。中央企业构建自主创新体系的目的明确，都是为中央企
业未来发展、适应市场竞争环境的需要服务，因此无论中央企业从事何种
创新活动，技术创新或是管理和制度创新，虽然内容上存在差异，但最终
目的都是相同的。市场经济的发展，决定了中央企业自主创新体系的任何
行为，都必须为满足市场竞争而进行。只有提高了中央企业的市场竞争
力，中央企业才有可能在激烈的市场浪潮中获胜，实现收益，促进发展。

（3）网络组织性。中央企业自主创新体系的构建应该是中央企业各部
门共同努力的结果，而不能仅仅将成果归功于研发部门。多项研究表明，
研发部门对于自主创新体系的努力是冰山一角，它们是冰山显露在水面上
的一小部分，还需要巨大的水下部分支持。这部分支持包括资金、社会关

系、经验及人才引进等。由此可以看出，中央企业自主创新体系的基础不属于个人和研发部门，也不属于某个单独的部门，而是群体的力量，即网络链的作用。

（4）动态开放性。中央企业自主创新体系的构建不是一蹴而就的，而是不断动态变化的。它在动态调整过程中不断对中央企业的自主创新活动进行完善。中央企业创新活动是在组织、制度和资金等各方面支持下完成的，因此，在创新活动过程中，也需要对这些因素不断进行调整。开放性是企业进行自主创新活动的源泉，没有开放性的吸收，就没有自主创新的进行。中央企业要保持开放性，就必须构建强大的跨边界能力。当前市场竞争日趋激烈，中央企业已不再单方面发展，而是跨越边界进行多方面发展，与其他企业或者机构合作共赢，应加强企业与外部环境交流。现代中央企业与子公司越来越具有明显的开放性特征。

5.2　中央企业自主创新体系的环境分析

中央企业创新能力受中央企业内部和外部两方面因素的影响，并最终取决于创新动机和实现创新成果的客观条件。因此，可以把中央企业创新体系所处的环境划分为外层环境和内层环境。具体情形如图 5-1 所示。

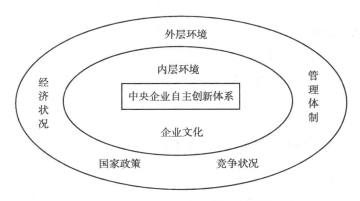

图 5-1　中央企业自主创新体系环境模型图

5.2.1 中央企业自主创新体系的外层环境

中央企业自主创新体系的外层环境包括竞争状况、经济状况、政府政策及管理体制。

（1）竞争状况。市场竞争是中央企业自主创新体系构建的一大动力。如果市场竞争环境越激烈，则中央企业对于市场承担的压力就越大；如果生存环境越恶劣，则企业自主创新的动力就越大。中央企业可以根据市场压力状况，将企业状况反馈给个人或者部门，刺激个人或部门进行创新。

（2）经济状况。当对未来经济预期普遍较好时，中央企业会加大创新力度，开发研究新产品，以刺激创新主体进行研发。通过新技术、新产品的创造，可获取经济发展的有利条件。同时，对经济的良好预期，也会增加科技创新的总体投入。

（3）政府政策。政府部门一般通过税收、创新鼓励和知识产权保护等手段促进中央企业自主创新力度。政府政策的变化对中央企业自主创新体系的构建有显著作用。从外在环境来看，政府政策能够成为中央企业自主创新体系构建的一大诱因。

（4）管理体制。管理体制主要指的是中央组织机构对于中央企业主要领导者的管理与任免。通过研究可以得知，企业家精神对于中央企业自主创新研究有显著影响。如果中央企业领导者缺乏创新精神，则中央企业的创新活动就会受到较大影响。当中央组织机构不能对中央企业领导者进行有效管理时，就很难对自主创新体系构建产生明显作用。

上述外层环境因素既影响中央企业的创新动机，又影响实现创新成果的条件，但它们对中央企业自主创新体系来说都是外生变量。

5.2.2 中央企业自主创新体系的内层环境

通常我们所指的中央企业自主创新体系的内部环境是中央企业的企业文化。中央企业的企业文化是中央企业进行自主创新的灵魂，没有文化做指导的创新，只能是纸上谈兵。中央企业自主创新文化是指企业具有能够支持创新的经营理念、企业创新价值观及员工创新氛围等。企业文化作为中央企业自主创新体系的内层环境，有特殊的意义。首先，企业文化作为可控变量，能够被中央企业进行人为控制，为企业创造一种良好的创新文化氛围，能充分鼓励创新主体进行创新。其次，中央企业企业的文化与多种制度体系相关联，如预算财务制度及激励考核制度等，都属于企业内部体系。最后，文化作为影响创新能力的一大要素，对于创新决策产生至关重要的作用。如果企业缺乏创新文化，不能容忍创新失败，则很难想象企业能够构建出良好的自主创新体系。优秀的企业自主创新文化是影响中央企业自主创新体系构建的重要内部环境[136]。

5.3　中央企业自主创新体系的基本架构

5.3.1　中央企业自主创新体系的横向架构

中央企业创新体系的构建是一项复杂的系统工程，包含各个部门和各个体系环节。本书通过研究考察，提出应该建立一套完善的创新体系。中央企业具体创新体系横向构建及运行过程如图 5-2 所示。

中央企业自主创新体系的横向架构包含九个部分，观念、人才、制度、组织、技术、市场、财务、工具及文化创新。这九个部分相互作用、相互影响共同构成中央企业自主创新体系横向框架。中央企业自主创新体系要想使功能发挥最大化，即产生最大的自主创新能力，就必须依靠这九个部分的创新结合，因而必须保证各个创新方面的协调和互动。

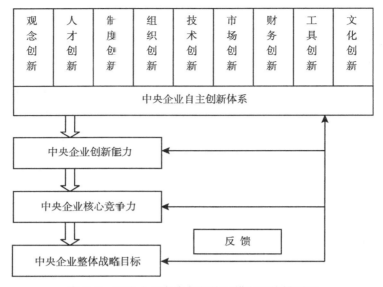

图5-2　口央企业自主创新体系横向架构模型图

（1）观念创新与文化创新是先导条件。中央企业自主创新体系构建的先导条件就是文化创新与观念创新。中央企业往往处于关于国家民生的重要领域，大都具有垄断的资源与市场地位。如果企业目光短浅、不求发展，那么它们是不负责任的，是不符合中央企业的地位要求的。中央企业只有认真对待自身所肩负起的国家与民族重任，不断挑战自我、超越自我，积极主动地进行企业文化创新，道过构建积极进取的企业文化精神，促进企业观念创新，才能使中央企业能够积极地进行自主创新，不断地增强企业核心竞争力。观念创新是企业进行自主创新的开端，企业要想突破自我，超越之前的发展模式，就必须进行自我否定，打破传统的利益分配方式。文化创新是中央企业自主创新的灵魂，是自主创新的指路灯。通过文化创新，能够唤醒中央企业自主创新的活力与生机，引导企业走向成功。

（2）人才创新、制度创新与组织创新是支撑要素。中央企业若想实施自主创新，具有不断创新的文化与观念是必需的。然而只有创新的观念还不能完全保证企业自主创新顺利完成，只有有人才、制度与组织等创新支撑要素的耦合互动，才能确保中央企业构建完整的自主创新体系，形成完整的中央企业自主创新能力。人才创新是企业自主创新能否成功的基础，21世纪，人才是科技发展的动力。在自主创新主体中，人才是最重要、最核心的因素。人作为第一生产资源，是决定企业自主创新的重要力量，企业的任何创新活动都离不开人这一要素。只有强化创新人才成长环境建设，才能充分释放人才的创新活力。创造人才成长必要的制度条件和政策环境，包括建立对创新型人才的科学评价机制、合理的人才使用机制、有效的人才激励机制。制度创新是企业自主创新活动的保障，没有制度保障的创新，就不可能取得成功。企业的自主创新往往要突破旧有的制度束缚，保守的制度安排不可能对自主创新产生好的影响。因此，制度创新是企业创新的关键。组织创新在企业自主创新活动过程中具有不可替代的作用。中央企业自主创新体系构建是系统性工程，需要各个组织之间的紧密联系。如果各个组织不能联系到一起，就无法实现资源的有效配置及信息传递。

（3）技术创新是核心环节。中央企业自主创新能力的形成，归根结底是中央企业实施技术创新后所产生的直接结果。中央企业应在所处的激烈的市场环境中，在积极进取的企业文化与观念的促进下，并在人才等支撑要素的保障下，主动地实施企业技术创新，产生出突出的自主创新成果，提升中央企业的核心竞争力。技术创新是企业自主创新成功的直接手段。企业能否自主创新成功，归根到底还是技术能否过关，能否满足市场变化及消费者需求。只有通过研究新技术、开发新产品，才能在市场竞争中获胜。只有主动通过模仿二次创新，并在此基础上积极实施原始创新，形成具有自主知识产权的自主创新成果，才能使中央企业在市场竞争中立于不败之地。

（4）市场创新、财务创新和工具创新是保障要素。市场创新是企业实现发展扩展的关键所在。市场创新能够为企业带来巨大的消费人群，减少消费成本，提高消费效率，抢占市场先机。财务创新是企业的后勤保障，没有资金支持的创新不可能长久，现代中央企业财务管理模式。能够为企业带来最大的经济效益。工具创新是企业应对市场环境发展的强有力的武器。"工欲善其事，必先利其器"，只有采用适合中央企业自主创新的新工具来武装自己，才能应对市场竞争。

5.3.2 中央企业自主创新体系的纵向架构

纵向来看，中央企业的创新活动想要顺利地进行需要创新的自主体，不仅需要创新的支持过程，还需要创新要素的联动和创新的环境。因而中央企业的创新体系纵向把握包括创新主体子系统、支撑子系统、要素连接子系统和环境子系统四部分，如图 5-3 所示。

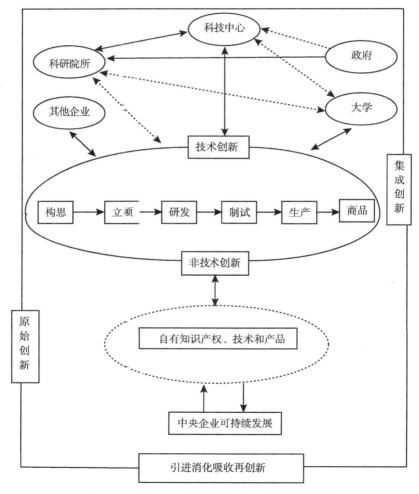

图 5-3　中央企业自主创新体系纵向架构模型图

1. 创新主体子系统

中央企业是自主创新的主体，创新主体是指中央企业是创新投入和产出的主体，也是创新收益的主体。中央企业创新体系中的企业家和内企业家的作用十分重要。企业家是中央企业创新体系的核心，是中央企业自主创新的倡导者和组织者。企业家精神是决定中央企业自主创新的关键。企业家精神中的核心部分是创新精神。另外，在中央企业的创新体系中，内企业家也是必不可少的。内企业家是从事类似于企业家的工作的人，他们努力寻求解决公司面临的问题，他们在完善新老产品和服务，改进管理和技术，以及建立相应战略决策与竞争对手竞争过程中谋求最大的创新。

2. 创新支撑子系统

中央企业的自主创新活动需要相应的支撑条件，因而创新支撑子系统是中央企业创新体系中不可或缺的要素。创新支撑子系统包括高等院校、科研机构、科技中介和金融机构等。高等院校和科研机构为中央企业的创新提供了知识和技术来源。

3. 创新要素连接子系统

中央企业创新体系的链接形式有外部链接和内部链接。外部链接主要指的是中央企业与创新支撑要素、环境要素直接的关系，涉及的是资金链、科技链、信息链、法律政策链、社会链和贸易链。而内部链接主要是中央企业创新的内部机制。内部链接是促进中央企业持续创新、高效率运作的关键。中央企业创新体系的机制主要包括创新运行机制、创新激励机制和创新发展机制。中央企业内部机制为其创新提供保证，创新活动从构思立项到商业化需要一系列的活动；同时，需要随之建立相应的机制。这些机制包括创新的组织机构、管理制度、运行程度等诸多方面。中央企业内部机制的建立为企业创新资源的配置，创新过程的协调提供保障。

4. 创新环境子系统

中央企业的自主创新活动需要相应的环境条件，因此在自主创新导向的中央企业创新体系中，创新环境子系统很重要，如政府政策环境、市场环境和国际经济环境等。政府是中央企业创新的引导者,其他环境提供者则以合作者或竞争者的身份对中央企业的创新活动产生影响。

5.4 中央企业自主创新体系相关的制度建设

5.4.1 国家层面的制度建设

1. 加强市场经济制度的建设

强化市场制度建设,强调市场竞争的作用,加强中央企业技术创新资源的优化配置,可以实现消耗最小、效率最高和效益最大的目标。技术创新资源配置的对象包括创新资金、科技人才、科学研究实验装备和科技信息。上述要素的组合,会形成不同的技术创新活动机构。技术创新资源的配置和优化,要求各类创新资源在不同的主体、过程、领域、时间和空间等层面上进行分配并实现相互的作用[137]。

创新资源的优化配置必须注重配置规模,即创新资源配置的总量;注重配置结构,即创新资源配置的内部结构与外部结构;注重配置方式,即运用计划经济、市场经济或混合经济模式进行配置。创新资源的配置还必须注意运用制度与市场这两个变量。同时,在创新资源的优化配置过程中,应坚持以下原则。首先,协调发展原则,与社会发展目标相协调,与科技体制改革目标相协调,与科技活动全过程相协调。其次,市场竞争优势发挥原则。最后,规模适度原则。在这些原则的基础上,还要通过四个结合,即促进产学研创新资金投入的有机组合,创新的增量与现在的资本存量的有机结合,科技链与产业链的有机结合,国家与地方创新资源的有机结合。创新型中央企业应当凭借创新实力主动参与市场竞争,尤其是国际市场的竞争。中央企业由于占据我国国家安全和国民经济命脉的关键行业,其独特的行业垄断性决定了企业的垄断利润。作为创新型中央企业,只有主动在市场竞争中增强创新实力,才能形成持久的、不可摧毁的竞争优势。

2. 完善财税制度建设

首先，政府应该有效调整财政投入，合理分配经费投入，加大政府对基础性研究领域的投资。应不断加大对中央企业自主创新项目的投入力度，优化资金配置结构，创新投入方式，以提高政府财政支持中央企业创新研究的针对性和有效性。具体来说，应相应改进经费投入，增大竞争性经费，减少补贴经营性收入，维持与经费投入相适应的财政机制。对于基础创新研究、应用创新研究及发展创新研究等，经费投入要合理有效。科研创新经费投入除了要考虑直接发生的费用外，还需要考虑间接费用，建立间接成本补偿机制。在科研项目经费管理方面，要科学地进行审计与预算，对项目预算调整进行合理规划，提高经费使用自主权力。此外，还需要建立经费使用监督机制，防止创新经费私自挪用，实现科研经费公开透明。具体操作时，可以采用国库支付、公务卡等办法，建立信息公开栏，公布财务信息报表等方式。对于违规违法使用科研经费状况，要严厉处罚，建立问责机制，以确保创新资金的使用符合财务规章制度[138]。

其次，政府应完善税收减免等税收优惠政策。税收政策是政府对中央企业自主创新活动激励的一种方式。政府的税收政策应重视中央企业自主创新活动的技术溢出效应，在创新活动的私人收益与社会收益之间达成平衡。税收优惠政策兼顾创新各个环节，政府应按照中央企业的科技创新成绩核定减税力度。可通过有效调查，了解各中央企业自主创新状况，根据企业研发活动建立最大程度促进创新的税收政策，并用统一标准来衡量中央企业及其子公司税收缴纳状况。建立的统一标准必须符合我国中央企业自主创新状况，既能起到激励作用，又不能使企业坐享其成。可以制定相应法律条文，明确各中央企业自主创新研发活动范围。在国家规定范围内，达到标准的企业可以享受相应的税收政策，同时为税收部门提供可衡量的量化标准，以此规范中央企业创新活动。在合理区间内，最大限度地扩大创新激励范围，颁布创新激励指南，从而构建真正有效的中央企业自主创新体系。税务部门要增强服务力度，优化服务方式，提高服务态度，

对中央企业自主创新体系构建打开方便之门，真正地将创新税收优惠落实到中央企业及其子公司。

3. 完善法律制度建设

政府应大力完善法律体系，增强相关法律的可操作性。通过法律制度的完善来促进中央企业自主创新活动有序开展。首先，完善科技进步法，科技发展的战略地位需要政府用法律加以确认[139]。其次，完善环境保护法，中央企业承担着推动社会进步、关心环保等社会责任。最后，完善劳动保障法，通过劳动与社会保障法增加中央企业的生产经营成本。

另外，政府应该建立积极有效的知识产权保护政策，刺激企业提高研发投入，保护中央企业自主创新的积极性。知识产权本质上是一种特定主体所专有的财产权，是一种私权，其相对应的是公众利益。政府要想保证中央企业自主创新体系的完美构建，就必须建立知识产权保护体系，从根本上保护我国创新型人才及企业的根本利益。从具体操作步骤来说，政府应承担宣传知识产权重要性的责任，从政策、文化等方面向人们灌输知识产权保护规定。对于知识产权保护机构来说，其责任更加重大。要加强对创新型企业的指导，鼓动专利申请，建立专利申请一条龙服务，严格审批制度。对中央企业的商标等具有知识产权的自主创新产品要加大保护力度，保证知识产权市场转化率。在项目工作方面，项目申请和完成是一个复杂的过程。政府不仅要在项目立项时制订保护计划，同时在项目验收时也要将知识产权保护完成情况作为项目验收的指标之一，这样才能保证在项目的各个环节做好知识产权的保护工作。在加强知识产权保护之余，还要加强对侵犯知识产权行为的惩罚，对于侵权行为要有明确的认定标准。另外，政府要加强对知识产权保护方面人才的培育，增强中央企业自身知识产权保护意识，从根本上解决侵犯知识产权的问题。

5.4.2　企业层面的制度建设

1. 完善中央企业内部人才激励制度

创新型人才是中央企业自主创新体系构建的主力军。中央企业在完善福利待遇方面，应当适当提高创新人才薪酬待遇，建立现代科学的薪酬制度，关心员工生活、学习状况，营造鼓励员工创新的氛围。对于科研专家及技术攻关人员等，要做到留住人才。对于科研人员的发展规划及发展轨道设计等，要合理合规。建立同等条件下有竞争力的市场激励制度。对于有突出贡献的员工要大力支持，给予相应的报酬和奖励。中央企业应该着力实现人才激励方式的多样化，通过物质激励和情感激励相结合的方式不断吸引更多尖端的高科技人才。建立科学有效的创新评价体系，对于员工及科技工作者的创新活动及创新产品质量数量，进行统一量化评价，重点关注创新产品的质量及市场转化率。评价标准必须明确、清晰，并且带有激励目的。对于基础创新产品，评价标准要参考同行评价标准，并向国际同行标准看齐，重点关注基础创新产品的实用性及成本价值。对于应用创新产品，评价标准要借助专家考评及消费者的意见。应用创新型产品主要面向消费人群，中央企业发展的最终目的是获得消费人群，产生经济利益，因此，消费者是重要的评价人群。要重点关注产品是否满足消费者需求及技术成果是否具有突破性。产业创新产品属于较高层次的创新活动，评价标准必须由市场接纳程度及用户体验决定。产业创新产品重点突出对产业发展的贡献，评价时要重点关注专家意见及市场好评。专家评价必须建立责任制度，对于评价情况要进行监督问责。评价信息要及时并完全公开，要对成果转化后进行评价，评价过程还可以让科技社团参与[140]。

2. 完善中央企业内部管理制度

中央企业需要从自身内部管理制度出发进行改进完善，从而促进自主创新体系的构建。首先，组织结构方面要改变自上而下的垂直化结构，向扁平化管理迈进。大量事实证明，扁平化组织结构更有利于企业适应复杂

多变的竞争环境。中央企业可以适当减少组织中间结构，保留核心部门，改组或者剔除不必要部门；剩余部门要各司其职，并相互制约；建立信息平台，防止信息传递过程出现的纰漏。改变业务流程，重新规划权力分配；增强组织内凝聚力，发展内部员工晋升渠道，同时也要建立引进外来优秀人才机制。领导者要大胆下放权力，给予下层员工部分决策权力，以提高生产效率。其次，要改变中央企业内部官僚作风习气。中央企业中领导者官僚等级作风严重，内部等级制度明显。要降低中央企业内部等级制度，给予员工发言权，不能搞"一言堂"，最大限度地促进员工创新动力及执行力。最后，中央企业要充分把握内部竞争与合作的关系，在中央企业内部建立竞争机制。各岗位要通过竞争上岗，以提高员工创新工作积极性。轮岗交流制度应在增强员工技术能力同时防止磁性岗位惰性。在竞争上岗时，要不断进行尝试，做到人尽其才。同时，要鼓励员工积极合作。企业是一个大家庭，合作才能促进企业共同进步，给企业带来发展效益。作为一个系统工程，中央企业自主创新体系的构建需要多方面共同努力，中央企业要重视合作，强调一盘棋[141]。

5.5 中央企业自主创新体系的内部机制建设

5.5.1 中央企业内部创新文化机制建设

在中央企业自主创新体系的内部机制建设中，处于首要位置的是创新文化建设。创新文化是中央企业多年形成并固化下来的企业创新的精髓所在，它会时时刻刻指引着企业主动迎接激烈的市场竞争，采取勇往直前的进取意识和永不言败的进取意志。只有具有创新文化的中央企业，才能主动实施自主创新，并能够求得自主创新的成功。创新文化对于中央企业自主创新的推动作用毋庸置疑，因此要加强企业创新文化的建设。可以通过创新文化宣传、激励创新精神、推动创新实践和鼓励创新科研等活动激发员工及部门创新乐趣[142]。同时，应注意在企业的生产实践中，不断地向企业员工宣传我国所处在的历史竞争环境——机遇与挑战并存。我们与发达的西方国家的竞争正处于白热化的阶段，不是我们想不想参与竞争的问题，而是我们别无选择。如果不主动迎接挑战并实施积极的自主创新战略，就只能坐以待毙。应该不断宣传中央企业在我国民族复兴的伟大进程中所应承担的历史责任。中央企业不只是员工自己的企业，由于肩负着民族振兴的伟大历史使命，因而是全中国人民的，是全民族的。只要企业的员工能够认识这一点，企业的创新文化就能够很好地形成并固化在企业中。可从员工角度出发，设置创新兴趣小组，进行科技岗位大练兵；鼓励职业教育与培训，积极开展创新活动月；采纳创新型建议及技术发明活动，将创新发明应用与实际生产活动，激发全员创新热情。中央企业具有天然的政治优势，也可以通过思想汇报、学术报告等活动向员工灌输创新理念，鼓励员工积极投入国家的创新事业，从而达到全员创新及文化培育的目标[143]。

5.5.2　中央企业企业家创新精神机制建设

通过研究得知，企业家精神是影响中央企业自主创新的重要因素。具有积极进取的企业家精神，能够引领企业主动迎接激烈的外部市场竞争，善于分析并利用有利的外部因素，主动调动中央企业内部的资源与管理要素，实施积极的自主创新。具有这样的企业家精神的中央企业是容易取得自主创新成功的。因此，我们必须培育中央企业的企业家创新精神。第一，充分认识到企业家创新精神内涵。中央企业的领导者对于中央企业自主创新决策有重要作用。他们的决策对于自主创新活动能否顺利开展举足轻重[144]。第二，强化创新意识。有些中央企业企业家缺乏创新意识，守旧思想严重，要不断进行创新意识学习。在年度考核中，在注重工作业绩的同时，应注重创新意识和创新能力的考核，引导在企业中形成积极实施自主创新的氛围。消极适应市场的行为是不被接受的，通过长期的建设与引导，逐步地形成不断进取与创新的企业家精神。第三，鼓励中央企业领导者不断创新、超越自我。企业家创新精神是可以通过后天培养和学习锻炼出来的，要学会促使中央企业领导者用战略目光看待问题，采用先进创新理念管理企业。通过对新知识、新技术的获取及学习，可探索性地利用新知识对新产品进行开发。要培养正视创新失败的态度，以此推动企业创新发展[145]。

5.5.3 中央企业内部报酬激励机制建设

中央企业自主创新体系构建离不开知识产权保护。只有建立企业内部有利的知识产权保护政策和激励政策，才能够使中央企业在自主创新过程中所产生的知识产权有清晰的拥有者与使用者，使自主创新成果的制造者能够获得更多的精神鼓励和物质奖励，激发科研工作者通过自己不断的努力获得更多的创新成果。激励对于企业经营至关重要，而员工的能力和天赋的发挥在很大程度上也取决于动机水平的高低。我国可借鉴发达国家的经验制定一套完备的专利评估和申请服务机制。例如，企业内研究人员的成果报上去，企业认为有价值的就申请，申请费和专利保护费由企业垫付。当专利被使用后，扣除所有垫付费用，企业与研究人员按比例分成。企业与其科研人员知识产权的有效保护和利用密不可分，应从国家层面对科技人员研究成果的专利申请提供有效帮助。同时，注重精神激励机制作用，以精神奖励鼓励员工，为员工营造良好的事业发展机会。要为员工创造舒心的工作氛围、平等竞争的工作环境和良好的工作风气，并善于发现和激发员工的创新热情，使员工随着企业的成长而成长，增强员工实现自身价值的自豪感、贡献社会的成就感和得到社会承认的荣誉感。一个以知识产权保护和利用为核心的报酬激励制度的构建，将对我国中央企业自主创新能力的提高起到关键作用[146]。

第6章 我国中央企业自主创新能力的提升策略

中央企业作为我国国民经济中的一支主力军，对整个国民经济的发展起到至关重要的作用。若要完成时代所赋予的引领创新型国家建设、提高自主创新能力的崇高使命，切实提高国际竞争力，就必须研究和掌握技术创新的原理和规律，并对其进行科学和有效的管理[147]。如何让中央企业在市场竞争中一直处于上游？这需要持续的创新。只有选择最适合企业自身的创新模式，才能对企业的发展产生助推力，让企业焕发活力。调动中央企业及相关人员的积极性，是中央企业增强其自主创新能力的关键。在此过程中，要注意发挥企业的创新主体作用，处理好政府力量和市场作用的关系。同时，还要建立一系列激励约束机制和扶持体系[148]，并按照所界定的中央企业自主创新能力的内涵，制定相应的提升中央企业自主创新能力的策略。

6.1 中央企业自主创新投入能力的提升策略

6.1.1 建立创新型企业文化

1. 培育企业的创新文化和企业家创新精神

企业文化是企业的灵魂。企业文化是一个企业核心竞争力的内在表现。创新作为创新型企业文化的灵魂，必须深入到每个员工心中[149]。中央企业应在企业文化中重点强调并积极融入创新思维和创新理念。打造企业的创新环境，有利于创新人才的能力得到充分施展，使企业快速发掘优秀人才。首先，要确立企业的创新价值观，制定通过创新来实现企业价值增值的发展规划，强化员工在技术创新中的作用。其次，培养企业员工中追求创新、努力进取的精神，促使员工勇敢地面对风险、理性地接受失败，建立员工的危机意识和竞争意识。一方面，企业可以通过加强舆论宣传，在企业中营造创新的氛围。企业文化虽然本身具有深入人心的渗透力，但其培育和塑造离不开舆论宣传。通过建立企业内部网站、企业内部刊物、企业文化展览和各种各样的员工工会活动等，使企业文化通过舆论的作用达到深入人心的效果[150]。另一方面，优化员工工作、生活环境，使创新观念深入人心。企业的员工不仅是"经济人"，更重要的是"社会人"。中央企业让员工感受到温暖，不仅是企业自身的责任，更是企业作为国家代表的义务。要为员工提供优越的工作环境、舒适的工作条件，使员工创新活动有较高的物质回报和精神奖励，鼓励员工进行创新，深入落实创新型企业文化。最后，通过规范企业的创新行为，在建立创新管理制度、激励制度、考评制度等基础上设置组织的创新体系，从而培育和构建中央企业的创新制度文化[151]。

2. 激发企业家的主动创新意识

中央企业要想在自主创新方面不断取得新的重大突破，首先必须培养企业家们的创业能力与创新精神。中央企业的高层管理者要牢记自主自强的民族精神，树立科学的和可持续发展的经营观；同时，还要加强开拓创新的胆魄，提高惜才、用才的能力。企业家的创新精神与创业能力在融入中央企业的文化和制度的同时，更应该成为其重要的创新模式和战略。

企业在进行自主创新活动中，具有创新思维的企业家起到了一定的推动作用[152]。据相关研究分析，企业家的能力决定了绝大部分企业的自主创新能力。因此，中央企业在进行自主创新活动的过程中，必须重视企业家的创新思维。企业家作为企业发展的领头人和舵手，对于自主创新过程中的领导与决策作用毋庸置疑。企业家的自主创新精神是整个企业创新能力的驱动力，能够有效地推动企业自主创新。提高中央企业独立创新的内推动力，必须建立企业家的形成和评价机制。首先，要推进职业经理人制度建设，面向社会、面向世界公开选拔一批有战略眼光、有现代经营思想和管理理念、有卓越的创新组织才能和专业知识技能的企业家，并把创新精神、冒险精神和奉献精神作为重要的选拔标准。其次，国家须制定企业自主创新的综合绩效评价体系。在进行企业自主创新能力评价时，要把领导者创新能力作为一个参考要素进行考虑，突出领导者对企业自主创新的职责，并设置相关指标参与领导者创新能力考核。最后，大力发展现代企业制度，改革中央企业陈旧的"铁饭碗"理念。用人唯能，建立自我约束机制。破除发展障碍，激励具有自主创新能力的人才实现自我。同时，必须完善中央企业的法人治理机构，创建科学有效的管理团队，力争为企业自主创新提供有效平台。

6.1.2　加大研究开发经费的投入

中央企业应加大研发资金的投入，促进企业成为市场竞争主体。资料显示，我国企业研发投入比例不到发达国家的1/20。因此，中央企业应该加大对研发的投入。政府作为中央企业自主创新的支持者，应加大政策扶植力度，不断鼓励中央企业自主创新。中央企业自身要想提高自主创新能力，应充分考虑企业目前的经营发展状况，在制定合理战略目标条件下，适当加大研发投入，以满足企业技术创新所需的资金及人力需求。中央企业可以建立企业自主创新资金专项制度，研究科技投入持续稳定增长的长效机制，确保企业科技投入水平随企业的发展不断提高。在资金方面，中央企业应进一步拓宽研发投入资金的来源渠道。除了自身资金积累外，要广泛吸收来自政府补贴、资本市场、银行和风险基金等多种渠道的科技研发扶持资金，推进与金融领域的合作，加强国际自主创新技术合作。企业可从国际合作中取得自主创新的资金，建立和完善多元化、多形式和多层

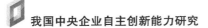

次的技术创新投入机制[153]。

在加大资金数量的投入时，不能忽视资金运用效率的提高。企业增加研发投入的最终目的是获得产品创新，抢占市场，提高企业核心竞争力，因此企业必须注重投入产出效益。只有创新研发经费投入转化成科研成果，创新投入才算物有所值，没有产出的科技投入是不能延续的。为了提高技术创新的转化率，中央企业可采取如下措施：①根据市场需求确定自主创新研发方向，从而减少市场需求风险，确保转化成果能被市场接纳，从而提高企业规避风险能力，提升企业科研软实力。②要提高科技成果产业化率。科研成果必须走向市场，转化为产品，因此必须加强科研与市场结合的力度。

6.1.3 加强以中央企业为主导的产学研合作

中央企业应加强产学研合作，提高企业自主创新的速度。产学研合作是推进高等院校和科研院所科技创新成果转化的有效途径[154]。通过产学研的紧密结合，将高校创造的科技成果尽快转化为产业优势，从而推动企业创新的发展和区域经济的增长。产学研合作机制一直在推行，但实施的效果并不乐观。促进产学研合作，首先要以企业为主体。企业作为自主创新技术应用的主要需求者，是将科研成果转化为产品的主要推动者。进行科研与开发的经费来源主要是技术需求企业，以企业为主才有利于创新平台的建设。其次，中央企业要善于利用资源，加强中央企业之间的合作。中央企业中有一批综合实力较强的科研院所，覆盖机械设备制造业、船舶运输业、石油石化业、有色业、交通业、航运服务业、建筑业、钢铁业、轨道和医药等行业。建立这些行业与科研院所的产业技术创新联盟，科研院所为企业提供技术研发支持，企业为其提供科研费用，可共同解决行业关键与共性技术难题，解决科技与经济脱节的问题，有效地整合创新资源。最后，加强中央企业与大学、科研机构的创新合作。三者结合科研可最大限度地形成产学研知识创新体系，中央企业可利用大学与科研机构的创新成果并将其转化为市场产品[155]。企业作为主体可以与高级院校之间搭建学科建设平台。企业通过设置科研课题，吸引院校人才，或者通过委托培养优秀人才等方式利用高级院校人才资源；高级院校利用企业提供的资金培养知识技术型人才。双方互动、共享，力争双赢。企业在推进产学研时，应当对高校和科研机构的研究方向、选题提出具体要求。高校通过科研创新，提出新工艺、新技术和新方法。企业再根据高校提出的新工艺、新技术和新方法，逐步将其应用到实际生产过程中，在不断积累生产工艺和技术经验的基础上，进行改进，加入企业自有特色，生产出差异化的产品，从而进入市场，提高企业产品核心竞争力[156]。学校和科研机构也应重视和加强应用技术研究，使科技创新不流于表面，而真正给企业带来效益。

6.1.4　构建全球研发网络并实施开放式创新

1. 构建全球研发网络

根据一些著名跨国公司自主创新的发展趋势，中央企业必须积极建立全球备战策略，开发全球创新资源，不断调整经营策略，从而整合国际研究开发网络，为海外研究找出恰当的地点，吸引合适的人才，并在此基础上整合海外研发据点[157]。许多成功的企业还能运用海外研发据点，并将其作为推动全球性战略联盟与合作研究的策略性资源。依据一些成功企业经验与作法，可以将建构全球研发网络的关键成功因素归纳为以下几点。

（1）成立全球研发网络的指导委员会。由高阶经理人与研发主管组成指导委员会，参与成员人数为五到八名。他们都具有丰富的专业技术背景，部分为资深科学家和研发部门主管。指导委员会的主要任务是研拟全球化研发策略，并将之整合于企业经营策略之中。

（2）慎选研发据点的位置。海外研发据点最好设置在相关产业科学与技术创新活动最旺盛的地区，以便大量获取最新知识，吸引一流的研究人员。海外研发据点的研究人员需要搜集、分析和预测有关新技术发展与下

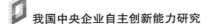

一代产品发展趋势，供母公司决策时参考。

（3）遴选最适当的研发据点领导人。一个新设立的海外研发据点，其领导人的适任性对于能否充分发挥研发据点应有的功能，将产生至为关键的影响[158]。海外研发据点的设立就好比创业，创业者的专业程度、企图心与愿景、领导管理与沟通能力，将决定新事业是否有可能获得成功。初创期的领导人大都需要具备以下四项能力：在专业技术领域受到尊重，经验丰富的经理人，有能力将研发据点整合入企业现有研发网络中，对于技术发展趋势与企业的技术策略有清楚的了解。此外，海外研发据点的领导人只有对于两地文化与科技环境有深刻的了解，才能推动两地的科技交流与研发整合[159]。

2. 推行开放式的创新模式

近年来，封闭式创新模式受到了越来越多的挑战，多种因素共同瓦解了封闭式创新的基础。与此同时，开放式创新作为一种全新模式，表现出巨大的优势并受到了广泛的关注。

开放式创新是一个动态的过程，集合了各种创新要素进行互动、整合和协同。在此状况下，创新要素要想实现企业间、个体间或者企业与个体之间的共享利用，就必须把所有与之相关的因素紧密地结合在一起，共同搭建创新要素共享平台。但此时的组织边界是可以相互渗透的，即企业内外部创新思想及市场调节作用可以相互转移，企业能够而且应该充分利用它们。在企业内部的创新思想研究或发展时，企业内部的创新思维可以通过知识的交流、人员的流动或者专利权转让等方式扩散到企业外部。企业如果存在一些不恰当经营业务的研究项目，可以将它们扩散到企业外部并使之商业化，令其在新的市场产生巨大价值[160]。

开放式创新模式改变了"非此地发明"的思维，企业可以采取引进、消化、吸收等方式来改善企业内部创新资源匮乏的状况，进一步整合内部与外部技术整合创造新产品和服务。在开放式创新模式下，企业的外部知识与内部知识同等重要，且补充了内部知识。开放式创新模式还避免了

"非此处销售"的偏见,企业依靠外部渠道使内部技术商业化,并使研究开发的回报最大化。开放式创新这一思想为企业提供了创造和获取利益的新方法。

对于中央企业来说,推行开放式创新,首先要从观念上理解自主创新和整合全球创新资源与实施开放式创新之间的关系。二者并不是对立的,而是互相促进的关系。一般来讲,企业的自主创新能力越强,其整合创新资源的能力也越强。自主创新并不意味着完全依赖自身能力实现技术突破。在技术创新中,最重要的并不一定是科技研发能力,而可能是整合资源的能力和商业化运作的能力。对国有企业而言,整合国外创新资源,尤其是西方发达国家的创新资源存在极大的障碍,须采取一些手段加以克服,如参股民营企业,但总体上并不妨碍中央企业进行开放式创新。

3. 企业间技术创新资源对接共享机制

为了使企业的技术创新资源能够实现共享,就要建立企业技术创新联盟、搭建企业技术创新研发平台,力争资源共享,为中央企业提供自主创新资源支持[161]。另外,还要搭建中央企业自主创新信息平台,不断增加企业间和部门间的信息沟通,筛选有效信息,加强市场与企业间联系,促进信息交流和技术转移,从而为中央企业技术创新提供信息支持。

6.2　中央企业自主创新营销能力的提升策略

6.2.1　重视市场发展变化

1. 重视对市场态势与格局的预测

企业要想在战略上掌握市场趋势、开发市场机会、展开营销策略等,就必须对市场走向与格局进行精准的预测,这对企业来说十分重要。当宏观经济发展进入低速期时,企业要积蓄能量;当宏观经济即将启动或进入高速期时,企业就要抓住机遇抢占优势位置,尽快建立起企业在市场中的地位。

2. 重视对市场竞争对手的调研

靶向营销要在产品进入市场之前完成，只有这样，面对竞争对手时才能做到知己知彼[162]。企业在对竞争对手进行调研时，要做到使对手凸显出来，从而推测对手的行动；还要对价格、质量等核心要素进行充分研究，同时了解产品的包装、促销等细节，并进行整体营销，提高市场占有率，提升企业市场营销能力。

6.2.2 加强营销队伍建设

提高中央企业的整体营销能力，职业化的高素质营销队伍是关键。从企业当前总体情况来看，企业不同层级的专业营销人员在数量上或是素质上都无法适应市场竞争的需求。我国已启动了营销人员从业资格考试，这将会促进企业营销人员素质的提高。企业应该采取机动多变的方式对营销人员进行岗位培训，并对企业中不同层级的领导进行市场运营的专业培训。另外，要巩固现有的营销团队，采取积极主动的方式吸引和留住素质高、业务能力强的专业人才，使企业的高级策划和管理人员、销售人员以及市场调研人员等专业人才形成一个较为合理的规模[163]。

6.3 中央企业自主创新管理能力提升策略

6.3.1 强化知识产权保护

中央企业应强化知识产权保护，完善激励创新行为。知识产权制度对于保障和促进自主创新来说是一个重要工具。知识产权制度的本质是以保护创新者利益和积极性为基础，同时促进技术合理和有偿地扩散，它的终极目标是促进自主创新。知识产权不仅保护的是现有科技创新成果，而且它将激励中央企业、高等院校和科研机构的后续创新[164]。中央企业在工作中十分注重培养员工的知识产权意识、加大产品保护观念，提供专利申请支持。由于企业进行自主创新的过程漫长且复杂，并且伴随一定的失败概率，完成一项创新成果往往要付出艰辛的努力，所以创新工作对科技人员的能力、耐心与热情的考验是相对较大的。创新工作本身的特殊性容易使科技人员的积极性和工作效率在长期艰难的研发活动中受到挫伤。另外，创新收益的分配不均也可能打击科技人员的工作热情，使其放松或抵触接下来的创新任务。因此，企业需要通过有效的激励机制来激发科技人员的创新热情，鼓励员工开展发明创造，注重加强激励机制的导向作用，鼓励团队协作创新、激励个人勇于创新，通过经济鼓励和精神鼓励等方式来激励创新者和准创新者。企业在开发新产品和技术后，应及时对这些产品和技术进行分析和研究，积极申请专利。要合理计算知识产权专项经费在新项目开发中的比例并及时拨出此项经费[165]。同时，为鼓励科研创新人员，并积极推进科研成果产业化，企业应适当提前将部分成果转化所产生的经济效益作为研发人员的物质鼓励。同时，企业应充分利用知识产权保护体系。在知识产权公共信息平台发出专利预警时，应及时重视处理，维护企业自身的合法权益。

6.3.2　推进信息化平台建设

中央企业应不断提高技术信息处理和管理能力，推进信息化平台建设进程。提高企业在行业中的竞争力时，信息化是利器。中央企业的组织优势可以通过信息技术实现和重塑，提高信息技术的管理能力可以加强企业中的上下级沟通、部门之间的有效交流，减少沟通层次，推动中央企业组织实现扁平化，提升企业员工的责任感和企业的凝聚力[166]。第一，在信息化改造方面，中央企业必须舍得加大资金投入，设立信息机构，对创新情报做到收集有源、传递有序、查询有据、利用有方。信息化方面比较落后的企业，应该学习国内企业信息化方面的先进经验；在信息化方面有较好基础的企业，要向世界优秀企业看齐，努力再上一个新台阶。企业应将内部信息化、供应链管理、客户关系管理、网上交易等有机地集成在一起。第二，以信息化为标准，推进数字化管理。中央企业要想实现自主创新就必须建立信息中心，对信息的搜集、分析和发布进行集中处理。同时，在信息的搜集、分析和发布过程中，要尽可能实现电子化，利用信息技术对原有企业进行创新，使企业所有信息活动更加合理、畅通，提高信息的时效性。第三，在中央企业内部，设立专门的情报信息机构。把不同种类的功能各异的信息服务机构有机地结合起来。在这些信息服务中，主要以高校和科研机构为主，从而使企业形成一个相对完整的信息机构。应加强各单位信息资源的交流共享，进一步推进企业的技术创新。

6.3.3 实施全面创新管理

要构建全面创新管理，促进管理要素对企业自主创新的影响。全面创新管理的核心是培养企业核心能力、提高企业竞争力；目标是增加价值；手段是将各种创新的有机组合与协同；通过有效的创新管理机制，使企业在创新管理方面做到全员、全时、全流程、全球化和全价值链的创新[167]。在央企优化管理要素的过程中，提升全面创新管理能力是重要途径，具体体现在理念建设和制度建设两个方面。

理念建设是对中央企业传统认识的一种转变。计划经济时期的中央企业基本处于行业垄断地位，市场对新产品的需求很低，导致企业普遍缺乏创新意识。但是，随着市场经济制度的深入运行，以及经济全球化引发的竞争加剧，中央企业面临的竞争环境更趋复杂。在政府对创新的大力推动下，中央企业逐渐意识到只有创新才能站稳市场。但是，长期形成的固有思维使中央企业对创新认识的转变相对较慢且程度不深，从而在理念上严重阻碍了中央企业的创新发展。提升全面创新管理能力，首先要从理念上使中央企业的每一位管理者和每一名员工都认识到创新的重要性，让创新成为企业员工共同的信念和准则。其次，管理者必须理解创新在企业的战略发展和市场地位中所起到的重要作用，督促管理层以创新的思想统筹日常管理行为，并将这种创新的理念有效地传递给每一名员工。同时，全面创新管理的理念建设要求企业对任何程度的创新都抱有欣赏与鼓励的态度，对于创新可能产生的风险和损失，企业应以长远的思想和开放的胸怀予以包容，这样才能把创新理念贯穿于企业各层级之中[168]。

中央企业要想实现全面创新管理，制度建设是保障。制度问题是关系中央企业转型与发展的关键因素，也是中央企业的一个软肋。企业对创新需求的不断增加，使中央企业在众多制度难题中再次面临创新管理的制度建设这一新问题。全面创新管理的制度建设体现在对适合企业自身发展的创新体系进行规范和约束，从而实现创新目标的预期效果。中央企业必须站在创新角度去考虑企业自身的发展，尤其需要加强全面创新管理的制度建设[169]。中央企业实现全面创新管理的制度建设需要从两个方面入手：其一是按照市场机制完善相关基本制度运行机制；其二是通过管理手段、模式或工具的创新，来推动全面创新管理能力的提高。前者着重于中央企业对制度不足的弥补，如通过完善市场化的激励制度、产权保护制度和人事制度使企业员工创新活动能够得到规范的、清晰的界定；而后者则是强调中央企业需要结合自身特点进行管理方式的改革。以上两种途径对提高企业创新效率将具有重要作用。此外，中央企业的创新还可以通过制度化的形式得到固化。

6.4　中央企业自主创新产出能力的提升策略

6.4.1　实施创新人才培养战略

1. 加大培养和激励人才的力度

企业自主创新能力的关键是人才，人才要素也同时决定着企业自主创新的效果。中央企业自主创新的主要实施者是企业的研发人才，他们是自主创新思维转化为现实的主要开发者。研发人才对于中央企业自主创新能力的提高起重大作用，这类人才往往具备高水平的科研文化知识及技术能力。同时，他们又具有于发新产品的能力，中央企业必须采取相关措施，引进人才、留住人才，为中央企业自主创新提供智力支撑[170]。

一方面，优秀的人才除了在物质方面有所需求，在精神方面往往也具有很高的要求。中央企业在引进、留住这类人才的同时，须充分考虑各方面因素。国家必须制定一系列措施，吸引海外优秀人才回国报效祖国，为他们提供良好的创业机制，提供更好的施展才华的平台。国家还制定了一些政策鼓励高校及研究所人员走出校门，到企业间进行技术交流与研发。中央企业在聘用高层次科技人才及优秀人才方面，要围绕企业发展战略，开展梯次培养，重点关注高层次科技领军型人才。

另一方面，分配应结合按资分配和按"知"分配，从而打破中央企业传统分配模式的桎梏，量才使用、尊重知识、尊重人才，根据人才具有的能力安排到相应岗位，从而使人才发挥出最大创造价值，开发出优秀人才的潜能[171]。

2. 加紧实施企业技术创新人才战略

人才是企业自主创新过程中最重要的一项因素，贯穿整个自主创新过程。企业要想在自主创新的道路上走得更远，必须加强人才队伍的建设，努力搭建有利于引才、育才、留才的环境条件和培养机制。在引才方面，一是外部人才内部化。如大力引进海外高层次科技人才，招聘社会上有经验、有能力的高级管理人才等；二是企业内部选拔培养。可通过创新人才选拔机制，将企业内具有创新精神和创造才干的员工，送到高等院校或研究所进行培训、到国外吸收创新理念或技术、参加国内外的各种专业会议吸收当前最先进的创新技术。在育才方面，企业可以委托大学院校或者与大学院校共同培养科技人才，提高其自主创新能力。对科技人才与经营管理人才实行分类管理，培养科技领军人才。在留才方面，企业应建立健全的保留机制。企业一方面可以自己培养创新人才，另外也可以从外部引进创新人才，这两者都与离不开人才保留。企业要想使创新人才为企业做出巨大的贡献，就必须做好人才的维系工作，这样才有利于企业的自主创新。因此，企业必须构建"以人为本"的留用机制。设立技术创新基金，制定优惠的人才留用政策，造就并留住一批高水平人才。在激励制度中，建立以创新贡献比例为依据的分配制度。为使创新型人才在企业的自主创新中充分发挥积极性、创造性和主动性，企业可实行创新股权激励计划，深化企业人事制度改革，健全人才留用机制。

招纳和留住更多高素质的创新人才还需要中央企业完善制度建设。首先，中央企业应为科技人员搭建与国际接轨的硬件和软件平台。例如，建立高水平实验室或与国际领先科研组织建立合作联系，帮助科技人员从世界领先技术中吸取创新知识。其次，中央企业应为科技人员提供发展和学习空间。例如，打通科技人员的上升通道或支持科技人员参与在职培训，统一科技人员个人发展规划目标与企业发展战略。再次，中央企业应完善科技人员的薪酬与奖励机制。例如，将工资水平与岗位差别挂钩、对创新过程和创新成果给予物质与精神双重奖励等，以增强科技人员对企业的归属感[172]。最后，中央企业还应完善对科技人员的工作评价机制，加强对创新工作和结果的考评指标设计，从而达到量化科技人员工作任务的目的。

6.4.2　发展技术创新国际化战略

经济全球化带动了世界市场的一体化，企业间的竞争也从传统的国内竞争转向国际竞争；企业经营的国际化又加剧了国际竞争的激烈程度。在这种形势下，只有具有全球视野、有能力在全球范围内整合资源而迅速创新的企业，才能成为竞争的优胜者。因此，中央企业一定要实施技术创新国际化战略。

所谓技术创新国际化战略是指企业从全球范围出发，通过跨国并购或直接建立国外研究与开发机构，以及建立国际技术联盟等形式，将技术创新活动扩展到国外。其中，技术创新国际化战略大体包含四个方面：第

一，建立市场支撑型海外研发机构的市场支持战略，其目的是为企业的海外生产经营提供支持。第二，建立技术跟踪型的海外研发机构的信息搜索战略，其目的是企业不仅可以获得国内的技术创新的信息，还可以获得国外的信息，扩大企业信息来源。在结合国内外的各种技术创新资源的前提下，企业可以明确技术创新方向、制定技术创新计划并改进创新方案。第三，建立技术学习型海外研发机构的技术学习战略，其目的是吸收当地在技术创新方面的科技知识。根据外溢效应，从当地技术创新活动中获益，可补充本企业的技术创新知识。第四，建立资源利用型海外研发机构的资源利用战略，其目的是使企业技术创新的资源更加丰富，使企业的技术创新成本逐渐降低，使企业技术创新所需的技术能力得到进一步提高[173]。

中央企业应该根据企业的具体实际情况，综合运用这几种技术创新的国际化战略，进行多种战略的组合方式，充分利用全球创新资源，实现创新能力的迅速提高。

6.4.3 强化消化吸收并提高二次创新成功率

中央企业自主创新能力的发展和提高，技术支持是关键。企业自主创新的深度是靠技术来完成的，技术决定了企业的自主创新能否在市场中占据优势地位。技术包含物化技术与知识技术两个方面，这要求企业在自主创新中从这两个主要渠道分别实现相关要素的优化。例如，企业可通过购买、研制机器、设备和实验仪器等方式实现物化技术的优化。鉴于我国技术创新水平较低，与世界其他发达国家相比还存在一定差距，我们不能闭门造车，应充分利用各种资源，引进国外先进技术，并在此基础上通过改进创新，研发出能够适用于我国产品生产的技术，从而避免技术研发重复，提高科研经费使用率。企业应加强物化技术引进的宏观管理，避免发生母公司与子公司或子公司之间，技术引进重复的问题。

企业通过学习、开创新的工艺规程、制造技术和管理技术等方式，可实现知识技术的消化吸收。由于物化技术的优化过程通常更容易实现，特别是对于中央企业而言，购进先进生产工具的资金实力相对较强[174]，因此，企业必须妥善处理好技术引进与自主创新之间的关系，改变目前"重引进，轻吸收"的现状。企业应强化知识技术的消化吸收，使与物化技术相匹配的知识技术达到合理水平；否则将导致物化技术难以发挥效力，甚至导致物化技术背离设定目标引发生失败的危险。因此，实现物化技术与知识技术的协调发展，是企业进行自主创新过程中需要格外重视的工作。

吸收的过程即为二次创新的过程。它不是简单地等同于模仿创新，而是既包括模仿创新，又高于模仿创新。企业在引进技术设备后，应充分挖掘其各种功能，使其发挥最大效用。企业应以具体情况为依据，提高企业自身的研究与开发能力，进一步改进技术，使企业的技术体系按照既定轨迹继续发展。更进一步地，企业可根据依托自身研究确定新的企业发展方向，实现技术范式的更新。中央企业在二次创新上虽有不足，但在模仿中成长，在模仿中创新，将最终实现企业的自主创新。

6.5　提升中央企业自主创新能力支撑的要素策略

6.5.1　提高中央企业自主创新的积极性

1. 提高企业自主创新的积极性

中央企业是企业自主创新和促进科研成果产业化的主体，应发挥主观能动性，充分调动企业人员自主创新的积极性，不断增加研发投入，加快创新产品应用。要提高企业技术创新积极性，应建立完善的技术创新体制和机制，促进企业技术创新的快速发展，制定和完善技术创新的政策措施，鼓励企业进行技术创新，特别是要充分发挥企业核心技术创新积极性。①针对中央企业技术创新建立专业的、综合的考核评价体系。②加大国家对中央企业进行技术创新的领导力度。③企业董事会要承担技术创新这一重要职责。④落实企业技术创新税收的优惠政策。

2. 鼓励企业科技人员自主创新

科技人员作为中央企业进行自主创新的主力人员及具体施行者，对于自主创新活动，起到巨大的推动作用。如何才能进一步提高企业科研人员的技术创新的积极性，是中央企业必须重视的问题。[175] ①技术领头人制度。"大海航行靠舵手"，具备专业知识、业务精通且富有创新精神的技术领头人，往往能决定自主创新的发展走势。因此，中央企业可以采用技术领头人制度，充分发挥企业科技人员自主创新性。但是，技术领头人的职务必须有年限限制，杜绝终身制，防止领头人出现懈怠等现象。②综合评价中央企业技术研发人员科研任务。对企业技术研发人员的绩效考核必须综合各项因素进行评价，而非仅仅将任务完成情况作为评价标准。中央企业研发人员研究成果的科学性、有效性及在产业应用中能否发挥效用，也应该作为考核标准一并计入研发人员的考核指标。③加大对企业科技人员的奖励。以对企业技术研发人员的考核结果为依据，对企业技术创新有突出贡献的科技人员实施不同层次、不同等级的奖励，做到奖赏公平，对企业的科技创新起到促进作用。

3. 充分调动企业科技管理人员自主创新的积极性

科技管理人员是技术创新的组织者，因此，企业要培养大量的技术创新管理人才，选拔具有崇尚科学、立志献身技术创新的精神的管理人才。①中央企业技术领导的作用要得到充分发挥。②企业在选拔高级技术管理人才时，要建立公开的选拔机制。③培养大量的企业科技管理人员。

6.5.2 发挥中央企业自主创新的主体作用

中央企业是我国未来在国际企业竞争中的主力军，而国际经济竞争的主要核心内容就是技术竞争。因此，要想提升我国在国际经济发展中的整体竞争力，就必须提高中央企业的技术创新能力。为了给中央企业技术创新的发展提供有政策支持环境，政府须制定一系列与技术创新相关的法律、法规和配套的技术政策，使中央企业技术创新主体的作用得到充分发挥。

1. 综合国家支持及市场作用

中央企业在我国经济中具有举足轻重的地位。对于技术创新企业而言，国家的政策支持及组织扶持是必不可少的关键性要素。中央企业背后强有力的国家支持是其自主创新的基础力量。社会主义市场经济对于中央企业的优越作用，是资本主义市场经济无法替代的。社会主义市场经济可以把市场对资源的配置作用与国家的支持力量有力地结合在一起，促进中央企业自主创新获得成功。

2. 完善中长期技术创新激励机制

中央企业作为国有企业的一部分，其技术创新关注的不应该仅仅是短期利益，更应该关注国家发展的中长期利益。中央企业要想使技术创新不断发展，就必须有完善的激励机制与之相配套，用以激励企业创新人员进行自主创新。企业中的创新人员不仅包括管理人员，还包括技术人员。对于中央企业管理人员的激励制度，必须从国家战略发展角度来权衡，而不能只是单一地考虑企业。技术创新人员是央企自主创新的核心人员，在保证技术创新主要人员物质需要得到满足的同时，要大力提倡技术人员制定长期的自主创新目标。

3. 构建科学有效的技术创新考核体系

中央企业在进行技术创新成果考核时，应尽量摒弃主观判断，建立量化指标体系。用技术测算来考量技术创新对企业的所做出的贡献，并以此来考评中央企业的技术创新成果。设定灵活的测评指标，针对不同类型的中央企业设定不同的测评指标，并通过绩效评价体系推动企业进行具有战略意义的科技创新。

6.5.3　加强中央企业自主创新的政府引导

中央企业是政府直接管辖下的企业，因此中央企业的创新离不开政府的各项政策措施的支持。政府也有责任、有义务为中央企业的自主创新提供良好的支撑环境。总体来说，在政府层面上，中央企业可以采取以下一些措施。

1. 确立中央企业自三创新主体地位

企业自主创新包括技术创新、管理创新、体制机制和商业模式创新，即自主创新是以开放自身创新能力为基础，借助各类创新资源，不断开发新工艺、新技术或者新的管理体制等。自主创新最终目的是将创新产品产业化，将科技成果转化为实实在在的产品，并将其推向市场，建立企业的核心竞争力。从国内外优秀企业发展成功的经验来看，企业要想在激烈的竞争环境下脱颖而出并持续、健康、快速地发展，依靠的是企业自身通过自主创新设计生产出的无与伦比、不可替代的产品所展现的创造市场、拓展市场的能力。由此可见，自主创新是企业发展和在市场中获得竞争优势的必然选择，是企业发展的力量之源，是企业发展的头等大事。

既然创新对企业如此重要，那么企业要想获得长远发展，就必须使创新成为企业的本能。但是，我国中央企业自主创新内生和外生机制却严重缺失，已经成为制约我国中央企业进一步发展的"瓶颈"。为此，中央企业首要任务是解放思想，破除陈旧理念，不断进行机制体制改革，让中央企业明确统一思想，充分认识到中央企业产品制造的基础、发展的灵魂是自主创新。在市场经济条件下，自主创新是中央企业实现做大、做强和提高持续盈利能力的必由之途，是中央企业自身生存和发展而自觉展现的一种本能，而不是一项单纯由政府主导的行为。其次，实践证明，中央企业要想基于内外部环境变化自主选择发展道路，必须使企业自身成为真正的创新主体。因此，应坚持深化改革，坚持以改革创新为动力，加快科技创新步伐，培育和强化中央企业创新主体，改革国有企业管理体制，实行创新主体责任制，明确中央企业在自主创新过程中的主体地位，科学运行创新机制，形成"企业主动创新、政府全力支持、科技服务配套协同发展"的创新体系，大力发展一批具有示范作用的大型创新型央企，建设具有中国特色的中央企业的自主创新体系。

2. 强化交流合作并在创新主体之间搭建合作平台

一个国家或地区自主创新体系大致由基础研究、应用研究、技术开发和生产应用等要素组成。抓住基础研究，就是抓住了创新的制高点，这也是在推进重大科技突破时必须把握科技发展趋势，超前部署基础研究和前沿技术的原因所在。因此，国家创新体系相关部门必须努力促进央企创新能力的提高。国家创新体系的一个重要组成部分就是产学研相结合，这是促使科技成果向生产力的转化的重要途径。为此，政府要做的就是要协调平衡科研院所、高校和企业在自主创新体系中的地位和利益关系，大力推进科研院所与中央企业的结合，为科研院所和中央企业的结合牵线搭桥，使合作各方建立利益共享风险共担的信任关系，推动创新要素和创新资源的互动与共享。

政府应加大投入，加大对高校院所基础研究的支持力度；放眼未来，超前部署前沿技术；集中力量组织重大科技攻关，增强科技持续创新能力，促进中央企业建立和完善技术研发中心，科学布局。应通过一系列信息传递政策，发展信息优化平台，更好地发挥政府支撑作用，从而有效地促进企业与院校之间，企业与企业之间的信息交流与传递，搭建中央企业之间、企校院所之间跨学科跨领域的战略合作平台。此外，还应该依靠高校和科研院所建设国家（重点）实验室、国家工程实验室、国家工程技术研究中心等一流的科研配套设施，进一步发展产学研自主创新体系，并依托国家、高校和企业三者之间联系，共同搭建创新平台。高校负责技术研究，为企业自主创新提供灵感源泉与技术支撑，国家提供财力政策支持，企业完成技术创新向市场转化。不断加大产学研三方面主体联系，推进"校企联合"及"企企联合"，开展"引进—消化—创新"工程，最终实现科研成果向生产应用的快速转化。

此外，应强化中央企业之间的交流合作，建立自主创新资源整合与技术共享机制。首先，对企业内部既有的技术资源进行整合，摒弃低效技术，发展节能高效科技，把提高资源利用率放在首位。其次，创建中央企业自主创新联盟，实现中央企业与中央企业间互动创新，取长补短。双方应共同进行技术研发，合理利用国家创新资源，实现创新资源对接，减少重复建设造成的资源浪费。

3. 实现中央企业产权多元化

中央企业作为国有企业，具有特殊性：中央企业缺少了市场经济条件下其他企业优胜劣汰的竞争机制，从而对其进行自主创新活动存在一定阻碍作用。国有产权一股独大造成所有者虚位，中央企业经营者不是向董事会负责，而是对政府负责。企业家市场意识淡薄，他们更愿意回避风险，稳妥经营，创新动力无从谈起。为改变这种现状，必须改变目前的产权结构，实现产权多样化。国有股权应进行适当的战略规模缩小，增大其他股的比例，重点引进包括银行业、保险业、养老基金等的机构投资者，建立经理层和职工持股制。他们的参与有利于实现公司治理结构的完善，使利益相关者参与公司治理的治理机制，有利于外部约束制衡机制发挥效应[176]。

此外，中央企业依靠国家政策和政府保护在一些行业、地区形成垄断地位，市场压力不能通过市场机制传导至中央企业，使其感受不到竞争力。通过实践得出，企业一般不会在没有竞争压力的状况下进行创新行为。因此，为了形成逼迫企业创新的要素倒推机制，在政策方面必须深入完善中国特色社会主义市场经济体制，突破原有政府管理央企制度，转变政府职能，创新国有资产管理制度。为防止对企业的行政干预，须使政企分离、政资分离，还权给企业，使企业遵循市场经济规律，加快生产要素价格的市场化进程，逐步实现能源、资源等要素价格的市场化。在制度建设方面，制定和实施反垄断法，进一步打破（行政性）行业和企业垄断，使竞争机制更加公平合理。营造充分、有序的市场竞争环境，强化竞争对创新的推动作用，提供公平的竞争环境，减少政府参与行政管理，发挥中央企业自主创新能力。中央企业重组过程中，要借助市场机制，在政府掌控范围内，允许打破垄断，在一定程度上有效地降低中央企业保护措施；要尽量降低进入壁垒、减少限制；在领域内部创建一个适当的竞争机制，促进企业间的竞争；抑制大型中央企业对新进企业的排斥，促进生产要素和创新资源的流动；同时，加强中央企业自主创新的危机感。

4. 发挥行业协会的积极作用

研究表明，"政府和行业的支持"与企业自主创新能力有很强的相关性。在 117 家中央企业中，主要涉及石油石化业、通信业、航运服务业、建筑业、钢铁业、电力服务业和国防科技等 9 大行业。同行业企业之间的信息共享和精诚合作，有利于创新资本的有效利用和创新成果的成功转化。行业协会是健全创新关系网络的桥梁和纽带，它所起到的作用绝不能小觑。因此，企业要想提高自主创新能力，行业协会必须积极发挥引导作用，带领企业立足长远的发展，开拓创新。同时，逐步完善知识产权管理，保护知识产权，为企业自主创新的发展准备一个法制化、诚信化的发展环境。其次，要促进横向经济合作，加强人员培训交流，特别是国际间的交流。这些交流活动可以通过举办多层次的技术、产品交易活动来完成。促进资源共享，以及国际范围内不同企业之间、行业之间的合作创新，促使技术的转让和扩散。再次，发挥其与政府间的纵向沟通协调作用，及时总结行业产销情况。政府主管部门要及时获取企业重大事件、倾向性问题和意见，在协助企业解决实际问题的同时，主动为同行业企业争取政策支持。最后，行业协会还可以利用中央企业有别于其他中小企业的优势，设立行业共同研发基金。此基金既可以用于研发的支出，又可以作为对行业有突出贡献的企业给予奖励的资金来源，从而对企业产生正面激励，进一步促进企业自主创新的积极性和成功率。

6.5.4　加强中央企业自主创新的信息共享机制

1. 采用扁平式组织结构和团队协作

扁平式组织对于成功的创新型企业十分重要。等级差别最小和官僚主义层次少，是扁平式组织最大的特点。扁平式组织形式可推动高级管理者与一线人员之间的交流，提高沟通效率。企业不但不增加组织层次和向组织上部延伸，而且更偏向横向细分和扩展，使小组成为组织单位的关键

点。目前，世界范围内的绝大部分企业都强调小组织单位在技术创新过程中所起到的重要作用。

2. 实施企业信息共享机制

企业把组织进行详细划分、提倡小单元负责制。事实证明，尽管履行这样的组织结构非常有效，但可能出现组织分裂的危险。公司要分裂为许多个小单位，就要设立一定的约束机制，否则就会失去信息共享或利用公司规模和范围效应的能力。因此，许多创新成功的公司对信息共享机制非常重视，不仅仅出于控制的想法，更关键的是想要促进各单元之间的沟通和知识共享。

6.5.5 完善中央企业自主创新的政策法律保障

要转变政府职能，完善政策法律，创造良好的自主创新外部环境，第一，政府应切实进一步转变职能，按照市场经济规律对部门分割、部门立法、部门本位等现象，进行管理调整，实现政企分离，简化审批程序，应及时处理中央企业自主创新过程中遇到的困难和问题，加强服务型政府建设；政府可以退出一些不必要监管的领域，促进国有资产管理制度的完善和创新。第二，鼓励创新政策，推出一系列鼓励创新政策，从而减少企业自主创新成本。第三，政府应探索建立风险投资机制，为中央企业自主创新提供资金支撑。第四，政府要重视信息情报工作，加大资金投入，设立信息机构，对创新情报做到收集有源、传递有序、查询有据、利用有渠，鼓励有条件的中央企业在企业内部设立专门的情报信息机构。第五，完善创新法律，激励企业自主创新。加大保护创新产权人权益并加大侵权制裁力度、促进知识产权合法公平的竞争，为中央企业的自主创新创造良好的社会环境。

结　论

建设创新型国家是我国适应国内和国际发展所提出的重要战略选择。为实现这一目标，建设以企业为主体的创新体系是关键，发挥企业创新的核心作用将会有效带动行业和国家整体创新能力的提升。中央企业处于关系国计民生和国民经济命脉的关键行业，承担着保障和提高民生质量的重任。中央企业因其特殊的地位和承担的社会经济责任，更应在自主创新上有所作为。因此，本课题的研究对于提高中央企业自主创新能力，实现转变经济发展方式具有重要的现实意义。

本书从分析中央企业自主创新总体状况入手，依据并着眼于创新绩效的形成机理，对中央企业自主创新能力构成及影响因素进行分析，完善了中央企业自主创新体系，提高了中央企业的自主创新能力，主要体现在以下几方面。

（1）在对中央企业自主创新能力的内外影响因素梳理的基础上，构建了结构方程理论模型。结合调查问卷获得的数据，对于影响中央企业自主创新能力的因素进行统计分析，进行假设检验，明确得出各因素的影响顺序及影响强度，对于提高我国中央企业自主创新体系提供建议。

（2）在对中央企业自主创新能力现状分析的基础上，以创新投入能力、创新营销能力、创新管理能力和创新产出能力等测量维度构建了中央企业自主创新能力评价指标体系。运用数据包络分析（DEA）方法和超效率DEA模型对中央企业自主对创新效率进行测度，选择主成分分析方法对中央企业的创新绩效进行测度，从而对中央企业自主创新能力进行多角度剖析，为进一步构建更完善的自主创新体系和提高自主创新能力提供了依据。

（3）在对中央企业自主创新体系的内涵和特征进行分析的基础上，对于自主创新体系的内外层环境进行了分析，构建了提升中央企业自主创新能力体系的框架。对创新框架从横向和纵向架构两个维度进行了分析，并从国家层面、企业层面的制度建设保证进行了研究，提出了中央企业自主创新体系的内部机制建设。

（4）中央企业提升自主创新能力的关键是调动中央企业及相关人员的积极性。在此过程中，应发挥企业的创新主体作用，处理好政府力量和市场作用的关系。同时，应建立一系列激励约束机制和扶持体系。中央企业为了提高自主创新能力，必须抓住主要的技术创新环节。此外，必须加强制度创新与管理创新的有效配合。本书还提出了中央企业提升自主创新的策略，强化企业家精神，实施公司创业战略，构建全球研发网络实施开放式创新，从政府层面和企业层面做出了提升中央企业自主创新能力的政策建议。

本书的创新之处有如下几点。

（1）揭示了我国中央企业自主创新能力内外部关键因素的影响机理与路径。在对中央企业自主创新能力影响因素梳理基础上，运用结构方程模型，阐释了各因素的影响排序和影响程度，为提升中央企业自主创新能力提供了完整的理论指导方向。

（2）设计了央企自主创新能力评价指标，运用 DEA 和 FCA 两种定量方法评价了我国中央企业自主创新的效率和绩效，全面地揭示了我国中央企业自主创新能力的状况。

（3）构建了我国中央企业自主创新能力提升体系的框架，对创新框架从横向和纵向架构两个维度进行了建构。构建了以技术创新、文化创新等九个部分的横向体系架构，它们协调与互动，使创新体系总体功能最大化。构建了以创新主体子系统、支撑子系统、要素联接子系统和环境子系统等四个部分的纵向体系架构，形成了创新的自主体与与创新要素的联动机制。通过整体架构的建设，形成了一个有力的中央企业自主创新能力形成和培育机制，有效地保障中央企业自主创新能力的提升。

（4）结合中央企业自身的特点，从中央企业自主创新投入能力、营销能力、管理能力和产出能力等四个维度，提出了中央企业自主创新能力提升的有效途径，全面地反映了央企自主创新过程中各资源与管理要素的衔接、合作和形成过程。

本研究还存在一些不足之处，在进行我国中央企业自主创新能力研究过程中，运用调查问卷进行实证研究时，考虑到中央企业众多，且由于时间有限和发放问卷的不确定性等因素的影响，获得全部数据较难，因而进行了必要的简化测度，从而使研究不够全面。

参考文献

[1] 郝继明. 论以企业为主体的产学研紧密结合的自主创新体系的构建[J]. 科技和产业,2006(4):21-23.

[2] 肖浩辉. 论建设创新型国家的战略地位和发展途径[J]. 湖南科技大学学报:社会科学版,2010(3):42-46.

[3] 刘立. 改革开放以来中国科技政策的四个里程碑[J]. 中国科技论坛,2008(10):23-35.

[4] 杨洵. 同质竞争下产业链横向整合的经济绩效分析[J]. 科技管理研究,2008(9):99-101.

[5] 李长青,姚萍,童文丽. 中国污染密集型产业的技术创新能力[J]. 中国人口资源与环境,2014(4):149-156.

[6] 马一德. 创新驱动发展与知识产权战略实施[J]. 中国法学,2013(4):27-38.

[7] 王绍光,鄢一龙,胡鞍钢. 中国中央政府"集思广益型"决策模式——国家"十二五"规划的出台[J]. 中国软科学,2014(6):1-16.

[8] 约瑟·熊彼特. 经济发展理论[M]. 何畏,等译. 北京:商务印书馆,1990.

[9] 彼得·德鲁克. 创新与企业家精神[M]. 北京:企业管理出版社,1989:220-223.

[10] LIU XB. A Study on Independent Innovation and Financial Support System for Regional Small and Medium-sized Technological Enterprises-Based on the Panel Data Unit Root Test and Panel Data Co-integration Test [A]. Proedings of The 5th International Conference on Innovation & Management,2008:796-803.

[11] THOAMS, SAATY. Fundamentals of The Analytic Network Process-Dependence And Feedback In Decision-Making With A Single Network [J]. 2004,13(2):129-157.

[12] DEIDDA L. Interaction between Economic and Financial Development [J]. Monetary E-

conomics,2006(53):233-248.

[13] LARRY,F J ARCELUS. On the Efficiency of National Innovation Systems[J]. Socio-Economic Planning Sciences,1981(37):215-234.

[14] BARTON. Managing Technology-Competing Through New Ventures-Innovation and Corporate Research[J]. Prentice Hall,1992(25):1207-1233.

[15] COOMBS. Strategic Management Theory:An Integrated Approach[J]. California Management Review,1996(4):41-65.

[16] GU QQ,Zhou NL,Xiao PC. An Approach to Establish the Policy Supporting System for Private Enterprises Technological Innovation in China [A]. Proceeding of China Private Economy Innovation International Forum,2007:428-430.

[17] 傅家骥. 技术创新学[M]. 北京:清华大学出版社,1998:33-38.

[18] 魏江,寒午. 企业技术创新能力的界定及其与核心能力的关联[J]. 科研管理,1998(19):128-130.

[19] 许庆瑞. 全面创新管理——理论与实践[M]. 北京:科学出版社,2007:123-124.

[20] 姚志坚,马庆国等. 企业技术创新过程的整体观[J]. 科研管理,1999(20):35-37.

[21] 郑春东等. 企业技术创新能力评价研究[J]. 中国软科学,1999(10):56-60.

[22] 胡恩华. 企业技术创新能力指标体系的构建及综合评价[J]. 科研管理,2001(22):89-90.

[23] 杨艳,朱恒源,吴贵生. 我国企业创新能力的解构与演进[J]. 经济管理,2007(9):44-46.

[24] 陈劲. 从技术引进到自主创新的学习模式[J]. 科研管理,1994(15):54-56.

[25] 胡鞍钢,魏星,高宇宁. 中国国有企业竞争力评价(2003—2011年):世界500强的视角[J]. 清华大学学报:哲学社会科学版,2013(1):19-32.

[26] 路风. 国有企业转变的三个命题[J]. 中国社会科学,2000(5):4-27.

[27] 中国科协发展研究中心国家创新能力评价研究课题组. 国家创新能力评价报告[M]. 北京:科学出版社,2009:76-78.

[28] 万君康,李华威. 自主创新及自主创新能力的辨识[J]. 科学学研究,2008(26):92-93.

[29] KLINE S J,ROSENBERG N. An Overview of Innovation. In:Landdau R,Rosenberg

N. The Positive Sum Strategy. Harnessing Technology for Economic Growth [M]. Washington DC:National Academy Press,2006:292-301.

[30] CHIESA V, COUGHLAN P, VOSS C A. Development of a Technical Innovation Audit [J]. Journal of Product Innovation Management,1996(13):111-135.

[31] ROBERT KAISER, HEIKO PRANGE. The Reconfiguration of National Innovation Systems-The Example of German Biotechnology [J]. Research Policy, 1975 (33): 395-408.

[32] 马扬,王淮学.技术创新过程的集成环球模型[J].安庆师院社会科学学报,1998 (8):145-146.

[33] 冯德连.中小企业技术创新的价值判断与模型分析[J].中国软科学,2000(12): 107-109.

[34] 许志晋,凌奕杰,宋凤珍.企业技术创新能力的模糊综合评判[J].科学学研究, 199712(1):54-56.

[35] 徐可,何桢,王瑞.技术创新网络的知识权力、结构权力对网络惯例影响[J].管理 科学,2014(5):24-34.

[36] 尹建海,杨建华.基于加强型平衡记分法的企业技术创新绩效评价指标体系研究 [J].科研管理,2008(1):1-7.

[37] 胡翼琼.企业自主创新能力评价指标体系与应用研究[J].企业技术开发,2006 (11):66-68.

[38] 李群,吕鸣伦.努力提高我国企业的自主技术创新能力[J].中国软科学,2008 (2):66-68.

[39] 钱津.国有企业如何实现自主创新[J].经济纵横,2006(8):151-153.

[40] 张宗庆.我国企业技术创新不足的路径依赖[J].中国工业经济,2000(12): 11-14.

[41] 梁桂金.国有企业自主创新存在的问题及成因分析[J].商场现代化,2008(32): 71-72.

[42] 柳卸林.技术轨道和自主创新[J].中国科技论坛,1997(2):77-78.

[43] 高旭东.企业自主创新战略与方法[M].北京:知识产权出版社,2008:56-57.

[44] 陈劲,柳卸林.自主创新与国家强盛——建设中国特色的创新型国家中的若干问

题与对策研究[M]. 北京:科学出版社,2008:104-106.

[45] 李政. 我国国有企业自主创新能力现状与提升路径[J]. 哈尔滨工业大学学报:社会科学版,2012(1):20-25.

[46] 李政. 国有企业提高自主创新能力的制约因素与驱动机制[J]. 学习与探索,2013(7):83-85.

[47] 中国企业评价协会. 中国企业自主创新评价报告(2010)[M]. 北京:中国经济出版社,2010:115-120.

[48] HAKSEVER. Model of Value Creation:Strategic View [J]. Journal of Business Ethics,2004(49):23-26.

[49] BURGELMAN ROBERT. Strategic Management of Technology and Innovation[M]. New York:McGraw-Hill Irwin,2008:245-260.

[50] ADLER P S, SHENBAR. Adapting Your Technological Base:The Organizational Challenge[J]. Sloan Management Review,1990(25):11-30.

[51] ACS Z J,AUDRETSCH D B. Innovation in Small Firms[M]. Massachusetts:MIT Press,2000:1079-1101.

[52] 刘国新,李兴文. 国内外关于自主创新的研究综述[J]. 科技进步与对策,2010(2):20-25.

[53] 周振林. 技术创新理论的发展[J]. 创新,2007(6):26-28.

[54] CHRIS DEBRESSOM. Technological Innovation and Long Wave Theory:Two Pieces of The Puzzle[J]. Evolutionary Economics,1991(1):49-65.

[55] JORG SYDOW. Organizational Path Dependence:Opening the Black Box[J]. Academy of Management Review,2009(4):689-709.

[56] CHRISTIANSEN J A. Building the Innovative Organization:Management Systems that Encourage Innovation[M]. New York:St. Martin's Press,2009:77-91.

[57] DODGSON M,BESSANT J. Effective Innovation Policy[M]. London:Thomson International Business Press,1996:121-145.

[58] FREEMAN C. The Economics of Industrial Innovation[M]. London:Pinter Publishers,1992:209-221.

[59] GALANAKIS K.. Innovation Process:Make Sense Using Systems Thinking [J]. Techno-

vation,2010(26):1222-123.

[60] ROVERT E B. Managing Invention and Innovation[J]. Research & Technology Management,1998(31):1125-1148.

[61] WANG C H,LU I Y,CHEN C B. Evaluating Firm Technological Innovation Capability Under Uncertainty[J]. Technovation,2012(28):91-125.

[62] 涂成林等. 自主创新的制度安排[M]. 北京:中央编译出版社,2011:8-10.

[63] 赵秀丽. 国家创新体系视角下的国有企业自主创新研究[D]. 山东:山东大学,2013:17-20.

[64] 德林,陈春宝. 模仿创新自主创新与高技术企业成长[J]. 中国软科学,1997(8):22-24.

[65] 赵忆宁. "技术引进"与"自主创新"的论争[J]. 瞭望新闻周刊,2003(27):51-52.

[66] 宋河发,穆荣平,任中保. 自主创新及创新自主性测度研究[J]. 中国软科学,2006(6):44-46.

[67] 张炜,杨选良. 自主创新概念的讨论与界定[J]. 科学学研究,2006(24):55-57.

[68] 刘凤朝,潘雄锋,施定国. 基于集对分析法的区域自主创新能力评价研究[J]. 中国软科学,2005(11):37-39.

[69] 姚志坚,吴翰,程军. 技术创新A-U模型研究进展及展望[J]. 科研管理,1999(4):97-99.

[70] 李兴文,刘国新. 企业自主创新能力的评价及实证分析[J]. 科技与经济,2007,8(20):136-138.

[71] 赵卓,肖利平. 发展低碳经济的技术创新瓶颈与对策[J]. 中国科技论坛,2010(6):309-311.

[72] 陈钰芬. 提升中国企业自主创新能力[J]. 科学学与科学技术管理,2007(4):56-57.

[73] CHACKE G K. Technology Management Application to Corporate Markets and Military Missions[J]. NY:Praege,1988(29):1138-1156.

[74] GATTIKER, URSE, LARWOOD, LAURIE. Managing Technological Development, Strategic And Human Resources Issues Review[J]. Relations Industrielles,1989,2(44):2071-2103.

［75］ DAMANPOUR F. Organizational Innovation：A Meta Analysis of Effects of Determinants and Moderators［J］. The Academy of Management Journal，1991，34(3)：275−234.

［76］ KANTER R M. When a Thousand Flowers Bloom：Structural，Collective，and Social Conditions for Innovation in Organization［J］. Research in Organizational Behavior，1988(11)：1305−1321.

［77］ ANDREW H，VANDEVEN. Central Problems in the Management of Innovation［J］. Management Science，1986(32)：590−606.

［78］ SCHON D A. Technology and Change［M］. New York：Dela−corte Press，1967：45−128.

［79］ HOLT K. The Role of The User in Product Innovation［J］. Tech-Innovation，1988，7(3)：1147−1162.

［80］ CHRISTENSEN C M. When New Technologies Cause Great Firms to Fail，The innovator's Dilemma Boston Ma［J］. Harvard Business School Press，1997(33)：1608−1625.

［81］ BENGT KEKE LUNDVALL，MARK TOMLINSON. On the Convergence and Divergence of National Systems of Innovation［R］. Department of Business Studies，Aalborg University and University of Mancheste，2000(21)：2137−2150.

［82］ JENOG-DONG LEE，CHANSOO PARK. Research Innovation System［J］. Factors Affecting Technovation，2006(26)：1045−1054.

［83］ FU-SHENG TSAI，LINDA H Y，HSIEH，SHIH-CHIEH FANG，JULIA L LIN. The Co-Evolution of Business Incubation and National Innovation Systems in Taiwan［J］. Technological Forecasting ＆ Social Change，2008(8)：1−15.

［84］ 徐传谌，周勃. 中央企业核心竞争力的测度与分析［J］. 学习与探索，2014(4)：85−90.

［85］ 赵岳阳. 优化中央企业治理结构的对策研究［J］. 经济纵横，2014(4)：70−74.

［86］ 齐平，李彦锦. 中央企业竞争力提升与策略选择［J］. 求是学刊，2014(9)：56−60.

［87］ 黄吉海. 构建中央企业技术创新战略联盟的思考［J］. 中国发展观察，2014(8)：100−104.

［88］ 刘地海. 中央企业实施 EVA 的有效分析［J］. 西安石油大学学报：社科版，2012(10)：82−86.

［89］ 孙玉敏. 国企自主创新：从产学研突破［J］. 上海国资，2012(1)：56−60.

[90] 王凭慧. 增强中央企业自主创新动力的几点思考[J]. 中国科技投资,2011(12):
87-91.

[91] 赵子茹. 我国国有企业自主创新能力的现状分析与路径选择[J]. 中国科技论坛,
2013(11):78-82.

[92] 曲婉,穆荣平. 自主创新人才队伍政策关联性研究[J]. 科研管理,2012(2):
50-55.

[93] 张光磊,刘善仕. 企业能力与组织结构对自主创新的影响——基于中国国有企业
的实证研究[J]. 管理学报,2012(3):80-85.

[94] 李美娟. 基于理想解的区域自主创新效率动态评价研究[J]. 科学学与科学技术管
理,2014(2):78-82.

[95] 谢言,高山行. 基于自主创新的企业技术竞争力研究[J]. 科学学与科学技术管理,
2013(1):35-40.

[96] 张凌,刘井建. 基于DEA的工业企业技术创新能力的综合评价[J]. 科技导报,
2005(23):77-79.

[97] 花磊. 构建区域创新能力评价指标体系[J]. 合作经济与科技,2007(1):78-80.

[98] 史晓燕. 企业技术创新能力指标体系设置及综合评价[J]. 陕西经贸学院学报,
1999(2):157-159.

[99] 郭红卫. 经济增长视角下的中国自主创新模式研究[D]. 辽宁:辽宁大学,2009:
27-28.

[100] 胡钰,仲伟俊. 关于提升我国企业自主创新能力的若干思考[J]. 中国制造业信息
化,2005(7):82-89.

[101] 何建洪. 创新型企业的形成路径:基于技术能力和创新战略作用的实证分析[J].
中国软科学,2012(4):214-220.

[102] 王琳,穆光远. 2012 全球 R&D 投资分析[J]. 科技情报开发与经济,2012(5):
37-38.

[103] 陈伟,张昊一,杨彩霞. 我国企业自主创新现状分析与对策研究[J]. 科技管理研
究,2010(10):70-72.

[104] 路金芳. 来源于企业自主创新的内外部影响因素[J]. 求索,2006(2):82-85.

[105] 冯进路. 不同类型企业家创新方式选择研究[J]. 外国经济与管理,2004(12):

10-11.

[106] 雷家骕等. 中国的自主创新:理论与案例[M]. 北京:清华大学出版社,2013:
86-87.

[107] 陶雄强. 以科技创新成就"普天创造"[J]. 宏观经济研究,2006(7):21-23.

[108] 李新男,梅萌. 中国创新企业案例[M]. 北京:清华大学出版社,2011:207-209.

[109] 郑成功,朱祖平. 企业技术创新能力综合评价体系及实证[J]. 科技管理研究,
2007(4):75-77.

[110] 刘光富. 中国国有企业创新动力因素探究[J]. 中国科技论坛,2009(11):40-44.

[111] 刘光富. 中国国有企业技术创新动力与体系的研究[J]. 云南师范大学学报,2009
(6):78-85.

[112] 史本叶,李俊江. 提高国有企业创新能力——基于国家创新体系的视角[J]. 经济
社会体制比较,2010(6):19-21.

[113] 王洪. 我国企业自主创新动力不足的原因及对策分析[J]. 生产力研究,2009
(22):180-185.

[114] 王海燕. 国有企业创新动力探究[J]. 高科技与产业化,2011(3):30-32.

[115] 李柏洲. 企业发展动力研究[D]. 哈尔滨:哈尔滨工程大学,2003:37-38.

[116] 吕军. 论企业创新机制及创新体系的构建[J]. 现代经济信息,2008(3):77-82.

[117] 宏巍,张东生. 企业技术创新体系设计[J]. 科学学研究,2004(12):60-64.

[118] 李伟,聂鸣,李顺才. 企业自主创新体系框架及影响因素研究——以华为为例
[J]. 科学管理研究,2009(1):78-79.

[119] 胡永铨,江慧芳. 基于全球价值链视角的企业创新体系构建[J]. 科技进步与对
策,2009(12):138-139.

[120] 胡凯,尹继东. 企业在我国技术创新体系中的主体地位研究[J]. 商业研究,2007
(9):21-23.

[121] 黄烨菁. 培育国家创新体系企业主体过程中的开放因素[J]. 社会科学,2008
(8):43-45.

[122] 刘云,李正风,刘立等. 国家创新体系国际化理论与政策研究的若干思考[J]. 科
学学与科学技术管理,2010(3):70-71.

[123] 陈琦,梁万年,孟群. 结构方程模型及其应用[J]. 中国卫生统计,2004(2):7-11.

[124] 陈希镇,李学娟. 结构方程模型下的信度估计[J]. 统计与决策,2011(1):13-15.

[125] 程开明. 结构方程模型的特点及应用[J]. 统计与决策,2006(10):22-25.

[126] 韩霞,白雪. 基于开放式创新战略的企业研究模式分析[J]. 中国科技论坛,2009 (1):34-36.

[127] 马锋,张玉芳. 封闭式创新和开放式创新模式研究[J]. 研究探讨,2013(6): 50-51.

[128] KIM Y J,VONORTAS N S. Technology Licensing Partners [J]. Journal of Economics-Business,2006(58):273-289.

[129] SIMON FAN,YIFAN HU. Foreign Direct Investment and Indigenous Technological Efforts:Evidence from China[J]. Econmics Letters,2007(96):253-258. [130] AGHION P,BLOOM N,Blundell R. Competition and Innovation:An Inverted-U Relationship [J]. The Quarterly Journal of Economics,2005,120(2):701-728.

[131] 于成永,施建军. 技术并购、创新与企业绩效:机制和路径[J]. 经济问题探索, 2012(6):220-221.

[132] 张丽英. 技术并购与技术创新[J]. 技术经济与管理研究,2013(3):379-380.

[133] 顾菁,薛伟贤. 高技术产业协同创新研究[J]. 科技进步与对策,2012(22): 212-214.

[134] LIANG L,WU J,COOK WD,ZHU J. Alternative Secondary Goals in DEA Cross-Efficiency Evaluation[J]. International Journal of Production Economics,2008,113(2): 1025-1030.

[135] CHEN Y,COOK W,LI N,ZHU J. Additive Efficiency Decompositon in Two-Stage DEA [J]. European Journal of Operational Research,2009,196(3):1170-1176.

[136] WANG Y-M,CHIN K-S. A Neutral DEA Model for Cross-Efficiency Evaluation and its Extension[J]. Expert Systems with Application,2010,37(5):3666-3675.

[137] 李政. 2011 中央企业技术创新报告[M]. 北京:中国经济出版社,2011:15-20.

[138] 周涛,鲁耀斌. 结构方程模型及其在实证分析中的应用[J]. 工业工程与管理, 2006(5):99-102.

[139] 卢方元,李小鸽. 基于 SVAR 模型的自主创新投入产出动态效应分析——以我国 大中型工业企业为例[J]. 科研管理,2014(1):32-38.

［140］项本武. 中国工业自主创新绩效研究［J］. 科研管理,2013(7):45－50.

［141］韦铁,鲁若愚. 技术外溢条件下企业自主创新投入问题研究［J］. 管理工程学报,
2011(1):56－60.

［142］FROHMAN, ALAN L. Personal Initiative Sparks Innovation［J］. Research Technology
Management,1999,42(3):61－72.

［143］BOTTAZZIi L,PERI G. Innovation and Spillovers in Regions:Evidence from European
patent data［J］. European Economic Review,2003,47(4):687－710.

［144］Box G E P. Statistics for experimenters:design, innovation, and discovery［M］. New
York:Wiley－Interscience,2005:111－120.

［145］BROWN J R,FAZZARI S M,PETERSEN B C. Financing Innovation and Growth:Cash
Flow,External Equity,and The 1990s R&D Boom［J］. The Journal of Finance,2009,64
(1):151－185.

［146］BHUSHAN,RAI K. Strategic Decision Making:Applying the Analytic Hierarchy Process
［M］. London:Springer-Verlag,2004:45－51.

［147］WENNEKERS S, THURIK R. Linking Entrepreneurship and Economic Growth［J］.
Small Business Economies,1999,13(1):27－55.

［148］MILE TERZIOVSKI,DNAAY SAMSON,LINDA GLASSOP. Great－ing Core Competence
through the Management of Organizational Innovation［J］. Foundation for Sustainable E-
conomic Development,2001(5):17－35.

［149］AIVAZIAN,VAROUJ A. Can Corporatization Improve the Performance of State－owned
Enterprises even without Privatization［J］. Journal of Corporate Finance,2005,11(5):
791－808.

［150］ARMONDO J,GARCIA PIRES. International Trade and Competitiveness［J］. Economic
Theory,2012,50(3):727－763.

［151］BRIAN SNODOW. Competitiveness in a Globalised World:Mi Chael Porter on the Mi-
croeconomic Foundations of the Competitiveness of Nations, Regions, and Firms［J］.
Journal of International Business, 2006,37(2):163－175.

［152］GARNAUT, ROSS SONG, LIGANG, YAO YANG. Impact and Significance of State-
Owned Enterprise Restructuring in China［J］. China Journal,2006,55(1):35－63.

[153] GIRMA, SOURAFEL, GONG, YUNDAM, GORG, HOLGER. What Determines Innovation Activity in Chinese State-owned Enterprises The Role of Foreign Direct Investment[J]. World Development,2009,37(4):866-873.

[154] RICHARD R,NELSON,KATHERINE NELSON. Technology,Institutions and Innovation Systems[J]. Research Policy,2002(31):265-272.

[155] THOMAS G R. Will Investment Behavior Constrain China's Growth[J]. China Economic Review,2002(13):361-372.

[156] YAN N B. Financing Constraint:Over Investment and Market to Book Ratio[J]. Finance Research Letters,2009(6):13-22.

[157] ZHANG J. Investment, Investment Efficiency, and Economic Growth in China [J]. Journal of Asian Economics,2003(14):713-734.

[158] WU,YUNRUI. The Chinese Steel Industry:Recent Development and Prospects [J]. Resource Policy,2000(26):56-70.

[159] 王众托. 大力发展系统集成创新加速自主创新步伐[J]. 管理工程学报,2010(10):35-40.

[160] 解佳龙,胡树华. 国家自主创新示范区体系设计与应用[J]. 中国软科学,2013(8):52-56.

[161] 李喜先等. 国家创新战略[M]. 北京:科学出版社,2010:35-44.

[162] 张琳. 产学研合作中政府角色定位研究[M]. 北京:经济科学出版社,2012:105-108.

[163] 陈清泰,青木昌彦,吴敬琏. 自出创新和产业升级[M]. 北京:中信出版社,2011:58-62.

[164] 周秀红. 中国国有企业文化创新探索[M]. 北京:北京师范大学出版社,2011:95-101.

[165] 叶连松. 转变经济发展方式与调整优化产业结构[M]. 北京:中国经济出版社,2011:33-37.

[166] 尹曦林. 面向自主创新能力提升的企业研发流程重组与优化[J]. 科技创业月刊,2013(2):9-11.

[167] 王恒胤. 企业文化理念创新与文化创意产业的发展探析[J]. 企业导报,2012

（23）:144-145.

［168］杨斌．后危机时代提升我国自主创新能力的多元化协同战略研究［J］.企业经济，
2012（10）:39-42.

［169］袁少茹．企业自主创新的机制体系和能力评价［J］.商业经济，2013（1）:24-26.

［170］陈大龙，王莉静．我国制造企业自主创新动力机制研究［J］.科技与经济，2011，24
（139）:31-34.

［171］高翠娟，尹志红．中小企业自出创新能力评价研究［J］.科技广场，2012（3）:
181-185.

［172］周元，张斌斌，吴亮亮．中小企业自主创新的外部支撑体系研究［J］.企业家天地
（下半月刊），2014（5）:66-67.

［173］刘振．促进企业自主创新的动力因素及其路径关系研究［J］.中国科技论坛，2013
（1）:63-68.

［174］苏屹，李柏洲．大型企业原始创新模式选择研究［J］.中国软科学，2011（12）:
106-110.

［175］中国创新型企业发展报告编委会．2011 中国创新性企业发展报告［M］.北京:经
济管理出版社，2011:110-111.

［176］任庆伟．企业技术创新的制度约束及对策探讨［J］.科技管理研究，2013（7）:
10-13.